NEW
부흥의 불씨가 되는 구역

"여호와여 주는
주의 일을 이 수년 내에
부흥하게 하옵소서
이 수년 내에 나타내시옵소서"

합 3:2

52주 구역공과 시리즈 **개역개정판**

NEW 부흥의 불씨가 되는 구역

구역성장 | 교회부흥

예수사랑

◈ 머리말 ◈

하나님 성도들은 거룩한 불만족이 있어야 한다. 그것은 '왜 우리는 이 시대에 하나님의 큰 부흥을 체험하지 못하는가?' 이다. 각 시대마다 이와 같은 불만족을 가진 하나님의 사람들이 교회를 변화시키고 부흥의 불씨가 되었다. 이 시대는 많은 문화적 대용품이 넘쳐나고 있다. 흥미로운 스포츠와 컴퓨터 게임, 수많은 모임이 우리의 모든 시선을 독차지하고 있다. 이들은 우리들이 영적인 목마름을 갖지 않도록 정신없게 한다. 하나님의 사람들은 다시 한 번 거룩한 불만족으로 불타야 한다. 다시 부흥을 사모해야 한다.

산 전체를 태우는 큰 산불도 사실은 마른 풀밭에 떨어진 작은 불씨로 시작된다. 수많은 사람을 변화시키는 놀라운 부흥의 역사도 한 사람의 영적 불씨로 시작되었다. 부흥을 갈망하는 한 사람의 목마름이 영적 불씨를 일으켰던 것이다. 구역과 교회에 이와 같은 사람이 있기를 소망한다. 하나님의 부흥에 목말라하고 부흥을 갈망하는 구역이 되기를 소망한다. 이 시대의 거짓된 재미를 거절하고 영혼의 회복과 하나님의 다스림을 소망하며 어둠의 권세를 몰아내고 영적 승리를 선포하는 하나님의 사람들이 많이 나타나기를 소망한다. 하나님의 거룩한 나라가 삶 속에 나타나기를 앙망하는 많은 목마른 심령이 구역에 나타나기를 소망한다. 그리하여 구역에서 불타오르는 부흥을 향한 열심이 하나님의 교회를 든든히 세우고 나아가 거짓된 문화와 세상과 싸워 이길 수 있기를 소망한다.

하나님의 나라가 확장되고 영혼들을 속이는 어둠의 세력을 공포에 떨게 만드는 것은 어떤 구호나 종교형식이 아니다. 하나님의 자녀들의 기도요, 하나님 자녀들의 눈물이다. 소파 위에서 즐길 수 있는 편안함을 뒤로하고 구역의 부흥을 위해 기도할 때, 영혼들이 새롭게 되기를 위해 기도할 때 마귀는 두려워 떨며 영혼들은 하나님께로 나아오게 될 것이다. 텔레비전의 재미난 드라마를 포기하고 기도실에 들어가 잃어버린 영혼들을 위해 간절히 드리는 기도의 수고가 있을 때 영혼들이 다시 회복될 것이다.

구역은 우리들이 부흥을 위해 기도와 헌신과 인내와 봉사와 섬김의 씨를 심을 수 있는 가장 좋은 사역의 장이다. 이곳에서 우리는 영적인 부흥이 일어날 것을 꿈꾸며 씨를 뿌린다. 혹여 뿌린 씨가 혹시 나지 않을까 애를 태우기도 하지만 신실하신 하나님께서 반드시 열매를 맺게 하실 것을 믿는다.

이번 구역 공과는 부흥의 불씨가 되기를 소망하는 모든 성도들을 위해 만들었다. 본 구역 공과를 활용하여 구역이 부흥의 불씨가 되기를 소망한다.

도서출판 예수사랑

◈ 교재의 활용방법 ◈

1. 본 구역공과는 매주 한 과씩 1년 동안 활용할 수 있도록 편집되었다.

2. 본 구역공과는 설교식으로 한 사람이 진행하는 것이 아니라, 전 구역원이 구역예배 속에 모두 참석하여 한 사람씩 돌아가며 읽고, 성경을 찾아보며, 그 말씀을 확인해 가는 방법으로 되어 있다. 그러므로 가능한 대로 본 교재를 전 구역원 각자가 지참하도록 하는 것이 좋을 것이다.

3. 본 구역공과를 사용하기 위해서는 각 구역에 1명씩의 구역교사를 필요로 한다. 구역교사는 미리 본 공과의 주요 내용을 담임 목회자를 통해서 충분히 숙지한 후, 구역예배에서 구역원들이 한 대지씩 읽은 다음에 구역공과의 주요 내용을 부연하여 강조하며 설명하는 식으로 진행하는 것이 효과적이다. 그리고 공과 내용을 읽고 설명한 다음에는 또다시 "그럼 성경을 찾아봅시다!" 라고 하여 성경을 찾아 읽고 그 말씀의 핵심 진리를 가지고 재차 강조하며 진행한다면, 구역원들이 말씀을 확인하면서 은혜를 받고, 또다시 설명을 할 때 듣고 큰 은혜를 받게 될 것이다.

4. 기타 구역예배 순서나 친교, 기도회 등 구역인도 요령은 기존에 하던 방법 그대로 보완하여 진행하면 될 것이다.

Contents

Ⅳ. 성령과 은사

Ⅴ. 영성과 성숙

Ⅵ. 관계의 회복

Ⅶ. 가정의 회복

Ⅷ. 선교와 전도

Ⅸ. 기도와 응답

Ⅹ. 절기공과

제 1 과

부흥은 교회의 본질

- 본문 / 행 6:1~7(p.195)
- 찬송 / 330(통 370), 503(통 373)

◈

할렐루야! 전도합시다!

어느 성도가 미국의 유명한 부흥사였던 스미스 목사님에게 물었다. "목사님, 어떻게 해야 우리 교회에 부흥이 일어나겠습니까?" 스미스 목사가 대답했다. "방문을 잠그고 무릎을 꿇으십시오. 그리고 분필로 당신이 앉은 자리 둘레에 원을 그리십시오. 그리고 그 안에서부터 부흥이 일어나게 해 달라고 간구하십시오. 당신이 부흥이 일어나기를 그 원에서 간절히 사모하며 기도할 때 부흥이 일어납니다."

성도에게 우선순위를 정하는 것은 아주 중요하다. 우리 구역에서도 어떤 일에 시간과 열정을 투자할 것인가 생각해 보아야 한다. 본질적인 것에 더욱 많은 시간과 열정을 투자해야 한다. 구역의 영적 성장과 영적 부흥은 본질이다.

1. 본질을 붙잡자(1절)

초대교회 안에서 불만의 목소리가 점점 커지고 있었다. 그것은 구제 활동 때문이었다. "그 때에 제자가 더 많아졌는데 헬라파 유대인들이 자기의 과부들이 매일의 구제에 빠지므로 히브리파 사람을 원망하니." 구제 자체가 문제가 된 것이 아니다. 구제하는 일 때문에 더욱 중요한 것을 잃어버렸기 때문이다. 아무리 중요한 일도 성도의 영적 부흥보다 중요하지 않다. 교회에서 중요한 본질이 무엇인지 다시 생각해야 한다. 우리 구역이 해야 할 많은 일이 있다. 하지만 구역의 영적 부흥이 가장 중요하다. 이를 위해 거룩한 가지치기를 할 수 있어야 한다.

다음을 읽어 보자.

☞ 행 1:8(p.187)

....

....

....

2. 영적인 일에 최선을 다하자(2, 3절)

"열두 사도가 모든 제자를 불러 이르되 우리가 하나님의 말씀을 제쳐 놓고 접대를 일삼는 것이 마땅하지 아니하니 형제들아 너희 가운데서 성령과 지혜가 충만하여 칭찬 받는 사람 일곱을 택하라 우리가 이 일을 그들에게 맡기고." 오순절 성령이 처음 임했을 때 사도들의 본질적인 업무는 설교하고 가르치는 것이었다. 그러나 해야 할 일이 점점 많아지게 되자 다른 많은 일을 해야만 했다. 보다 다양하고 많은 사람들의 필요를 채워 주어야 했기 때문이다. 그러다 보니 말씀과 기도는 뒷전에 남겨 두고 많은 일로 분주해졌다(2절). 사도들은 뭔가 잘못되었다는 것을 인식했다. 그리고 말씀과 기도에 전무하였다. 부흥의 위대한 힘이 시작되는 곳은 어디인가? 말씀과 기도다. 말씀과 기도의 중요성을 다시 한 번 깨달아야 한다. 우리의 부흥을 가로막는 사탄은 우리가 부흥이라는 단어를 자주 사용한다고 하여 놀라거나 두려워하지 않는다. 사탄은 우리가 부흥을 위해 바쁜 시간을 쪼개서 기도할 때 두려워한다. 우리가 세상 친구들과의 재미와 텔레비전이나 영화의 흥미와 개인적 오락을 포기하고 기도라는 고난의 투쟁을 선택할 때 사탄의 두려움은 시작된다. 강력한 기도의 열기는 하늘의 문을 두드리고 마침내 그 문을 열어 부흥이란 축복을 쏟아지게 한다.

다음을 읽어 보고 능력의 비결을 알아보자.

☞ 행 3:1~6(p.190)

....

....

....

3. 부흥은 하나님의 일꾼들을 통해 일어난다(5절, 7절)

믿음과 성령이 충만한 사람, 칭찬받는 사람 일곱을 뽑아 사도들 앞에 세웠다. 그때 하나님의 말씀이 점점 왕성해졌고 예루살렘에 있는 제자의 수가 많아졌다. 많은 수의 제사장들도 예수를 믿기 시작했다. 부흥은 하나님의 사람들을 통해, 그리고 성령과 지혜가 충만 사람들을 통해 나타난다. “우리가 부흥할 수 있는가?”라는 질문은 “우리에게 성령과 지혜가 충만한 사람이 있는가?”라는 질문과 동일하다. 성령의 사람들은 세상의 권세를 이기는 사람들이다. 하나님의 사람을 통해서 세상을 변화시킨다.

다음을 읽어 보자.

☞ 행 2:37~42(p.190)

....

....

....

나눔의 시간

1. 오늘의 말씀을 통해서 느낀 점을 말해 보자.
2. 부흥이 우리 구역에 일어나면 어떤 변화가 일어날지 나누어 보자.

제2과

부흥을 위해 할 일

- 본문 / 삼상 7:5~11(p.418)
- 찬송 / 496(통 260), 502(통 259)

◈

할렐루야! 전도합시다!

한 잡지에 알프스 개미의 이야기가 게재된 일이 있다.

"개미 집 속에 불타는 초를 세워 놓으면, 놀랍게도 개미는 동무들을 살리기 위해 불에 올라가 자신을 불태우면서 불을 끈다. 개미가 불 속으로 들어가 몸이 타면 그 가죽에서 키촌스라는 진액이 나와 불이 꺼지게 된다. 그래서 동료 개미들을 구한다."

교회 부흥을 이루는 일에서도 희생의 능력만큼 강한 것이 없다.

오늘의 본문은 '미스바의 부흥 운동'이라 일컫는 이스라엘 공동체의 전무후무한 부흥 역사에 대해 자세하게 기록하고 있다. 부흥을 위한 구역의 역할이 무엇인지 알아보자.

1. 여호와를 사모해야 한다(2절)

성경은 "이스라엘 온 족속이 여호와를 사모하니라"라고 말씀한다. 우리가 사는 이 시대는 사모할 대상이 너무 많다. 아이들은 오락기를 좋아한다. 남성들은 야구나 축구와 같은 스포츠를 좋아한다. 자신이 응원하는 팀이 게임에서 이기기를 간절한 마음으로 응원한다. 여성들은 쇼핑을 좋아한다. 자신이 갖기 원하는 것을 사모한다. 텔레비전 광고를 보면 우리가 구입해야 할 필수품들이 너무 많은 것 같다. '좋아하다' 보다 더 강한 의미는 '사모하다' 이다. 이 시대에 성도는 무엇보다도 간절히 여호와를 사모해야 한다. 하나님의 은혜를 간절히 사모해야 한다. 우리 삶의 현장에서 하나님의 부흥의 역사가 일어나기를 사모해야 한다. 부흥을 일으키는 강력한 힘은 부흥을 사모하는 것이다. 영적인 배고픔이다. 우리의 영적 목마름이다. 우리 구역원이 올해 성공적으로 하나님의 은혜를, 부흥을 간절히 사모한다면 우리 구역은 놀라운 부흥의 현장이 될 것이다.

다음을 읽어 보자.

☞ 벧후 3:12(p.386)

....

....

....

2. 부흥을 위해 마음을 하나로 모아야 한다(5절)

"사무엘이 이르되 온 이스라엘은 미스바로 모이라 내가 너희를 위하여 여호와께 기도하리라 하매." 부흥은 모든 백성들이 함께 모이는 것에서부터 시작되었다. 지도자인 사무엘은 "온 백성은 미스바로 모이라"고 말했다. 부흥을 위해서 모였다. 온 백성이 모인다는 것은 마음이 하나가 되지 않고서는 불가능하다.

현대인의 분주한 삶은 성도들을 한 장소에 모이기 어렵게 한다. 사무엘의 말을 들은 이스라엘 백성들은 모두 미스바로 모였다. 지도자의 말에 순종해서 같은 시간, 같은 장소에 함께 모일 때 역사가 일어났다.

다음을 읽어 보자.

☞ 히 10:25(p.364)

....

....

....

3. 부흥을 위해 기도해야 한다(5, 9절)

"온 이스라엘은 미스바로 모이라 내가 너희를 위하여 여호와께 기도하리라"(5절). "사무엘이 젖 먹는 어린 양 하나를 가져다가 온전한 번제를 여호와께 드리고 이스라엘을 위하여 여호와께 부르짖으매 여호와께서 응답하셨더라"(9절). 사무엘이 기도했다. 그가 간절하게 부르짖어 기도하자 하나님께서 응답하셨고 그들의 문제를 해결해 주셨다. 하나님은 걱정하는 사람에게가 아니라 부르짖어 기도하는 자에게 응답하신다. 이스라엘은 군대로 나아가지 않고 기도로 나아가 싸워 이겼다. 하나님이 친히 이스라엘의 군대장관으로 나가 블레셋을 대적하신 것이다. 하나님은 우리가 기도할 때 응답하실 모든 준비가 되어 있으시다.

다음을 읽어 보자.

☞ 렘 33:2~3(p.1106)

나눔의 시간

1. 오늘의 말씀을 통해서 느낀 점을 말해 보자.
2. 나의 기도생활을 방해하는 것이 있다면 나누어 보자.

제3과

부흥하는 구역의 특징

- 본문 / 행 9:26~31(p.201)
- 찬송 / 183(통 172), 184(통 173)

◈

할렐루야! 전도합시다!

그날 밤 하나님은 애통하는 흐느낌 소리와 함께 평양에 오셨다. 마치 지붕이 날아가 버리고 하나님의 성령이 눈사태처럼 우리 위에 무겁게 내렸다. 우리 선교사들은 즉시 강단에 모여서 어떻게 해야 좋을지 의논하기 시작하였다.

우리는 각각 갈라져 강단에서 내려와 가장 애통하고 번민하는 사람을 붙잡아 주고 마루에 엎딘 사람을 일으켜 앉혀 주면서 "걱정 마세요. 하나님은 당신의 죄를 용서해 주실 것입니다"라고 외쳤다. 그러나 소용이 없었다. 터진 눈물과 회개의 통성 기도는 그칠 줄 몰랐다.

오늘 본문의 말씀은 유대와 갈릴리와 사마리아와 전 지역에 교회가 세워졌으며 그들 교회가 크게 부흥해 가는 모습을 설명한다. 이 말씀 속에서 부흥하는 교회의 원동력을 알게 된다. 이 원동력은 구역이 부흥하는 힘이 된다.

1. 부흥하는 구역은 평안함으로 서 간다

본문에 "평안하여 든든히 서 가고"라고 했다(31절). 성경은 평안에 대해 여러 가지 의미로 사용하고 있다. 여기서 말하는 평안은 환경이 좋기 때문에 오는 평안이 아니다. 주님이 주시는 평안이다. 위로부터 오는 평안은 세상의 어떤 고난도 이길 수 있게 한다.

유대인들이 사울을 죽이기로 모의를 하고, 교회를 박해하는 동안 오히려 교회는 부흥했다. 교회 외적으로는 큰 박해가 있었지만 내적으로는 성도들끼리 서로가 위로하고 격려하면서 평안을 이루었다. 그러자 교회는 더 안정되고, 더 견고하게 되었다. 교회는 완전한 공동체로 보지 않고 든든히 서 가고 있는 교회로 보아야 한다. 여기에서 '서 가고'는 천상에 있는 완성된 상태를 말하지 않는다. 오히려 여전히 완성되어 가고 있는 것을 말한다. 우리 구역도 완성된 공동체가 아니라 서가는 공동체임을 알아야 한다.

다음을 읽어 보자.

☞ 요 14:27(p.173)

....

....

....

2. 부흥하는 구역은 하나님의 명령을 두려워한다

여기에서 '주를 경외함' 이란 '하나님을 두려워했다' 는 의미다. 사도행전에 나타난 성도들은 하나님을 사랑했을 뿐만 아니라 두려워할 줄도 알았다. 주님의 명령을 진지하게 들었으며 두려워하는 마음으로 주님을 따랐던 것이다. 주님은 우리가 사랑하는 분이지만 동시에 우리가 경외함으로 따라야 할 분으로서 우리의 주인님이 되신다. 땅 끝까지 주님의 증인이 되라는 주님의 명령을 다시 한 번 생각해 보자.

다음을 읽어 보자.

☞ 시 34:7(p.825)

....

....

....

3. 부흥하는 구역은 성령의 인도가 있다

부흥하는 구역은 성령의 위로로 진행된다. 여기에서 '위로' 라는 말은 '권고, 인도' 라는 뜻을 가지고 있다. 성령의 대표적인 사역은 바로 우리를 위로하고 권고하며 인도하는 것이다. 우리는 죽도록 충성하고 성령의 위로를 기대하고 성령의 위로를 받아야 한다. 구역에서 사람들을 섬기는 것은 쉽지 않은 일이다. 직분자로서 교회를 섬기는 것 역시 어려운 일이다. 그러하기에 우리는 자주 낙심한다. 이를 이기기 위해서는 성령의 지속적인 위로가 있어야 한다. 사람은 다 몰라주지만 주님은 나를 알아주신다. 성령을 통해 주님은 내가 겪은 고통과 어려움을 아시고 나를 위로해 주신다. 우리는 성령의 위로와 격려가 있을 때에 새 힘을 얻어 부흥을 위해 더욱 힘 있게 일할 수 있다.

다음을 읽어 보자.

☞ 갈 5:18(p.308)

....

....

....

나눔의 시간

1. 오늘의 말씀을 통해서 느낀 점을 말해 보자.
2. 성령의 인도를 경험했다면 나누어 보자.

제4과

예배의 부흥

- 본문 / 느 8:1~12(p.737)
- 찬송 / 351(통 389), 348(통 388)

◈

할렐루야! 전도합시다!

하루는 위대한 성가를 많이 작곡했던 하이든(Franz Joseph Haydn)에게 어떤 사람이 이런 질문을 했다.

"당신은 그 놀라운 음악을 작곡하는 영감을 어디에서 얻습니까?"

하이든은 이렇게 대답했다.

"저는 기도할 때마다 이렇게 고백합니다. 하나님, 하나님은 제 삶의 주인이십니다. 하나님이 제게 지혜를 주시기 때문에 아름다운 음악을 작곡할 수 있습니다. 제가 작곡하는 것은 하나님의 영광을 위해서이며 또한 제가 작곡한 음악을 주님 앞에 드립니다."

예배는 말씀을 통해 계시하시는 하나님의 은혜를 깨닫고 그 은혜에 감사하며 감격하는 것이다. 예배는 사람을 변화시키는 가장 강력한 힘이요, 부흥의 가장 큰 원동력이다. 오늘 말씀을 통해 예배의 능력을 알아보자.

1. 말씀 중심의 예배

백성들은 광장에 모여 제사 대신에 학사 에스라에게 모세의 율법 책을 읽도록 요청하였다. 기독교가 그 권위를 상실했을 때에 교회는 점점 웅장한 장식과 의식 중심의 예배를 가진다. 성전은 온통 미술품으로 가득하고, 예배의 순서는 더욱 화려하고 복잡하며 장엄해진다. 이러한 의식 중심의 예배는 교회를 점점 더 어둡게 한다. 그렇다면 이스라엘 백성들의 태도는 어떠했나? 모든 백성들은 그 율법 책에 귀를 기울였다. 책을 펼 때에 모든 백성들은 일어섰다. 모든 백성들이 아멘 아멘 응답하였다. 몸을 굽혀 얼굴을 땅에 대고 여호와께 경배하였다. 이들은 간절한 마음으로 말씀을 기대했다. 하박국 선지자가 기다리고 바라보며 나의 질문에 어떻게 대답하실지 보리라는 자세로 예배에 임하여야 한다.

다음을 읽어 보자.

☞ 합 2:1(p.1303)

....

....

....

....

2. 회개의 예배

에스라가 백성들에게 율법을 가르친 것은 바벨론에서 돌아온지 13년 만에 처음 있었던 일이었다. 백성들은 하나님의 말씀에 대해 너무나 무지하였다. 사람이 거울을 보면 자기의 얼굴을 살피게 된다. 거울을 통해 자기의 얼굴 모습을 보듯이 하나님의 말씀을 읽고 들을 때에 그 말씀의 의미를 깨닫고 자신의 모습을 보게 된다. 하나님의 말씀은 자신의 우둔함을 깨닫게 하며(시 119:130) 죄를 범치 않게 한다. 하나님의 말씀은 우리에게 물로 씻음같이 말씀으로 깨끗하게 하는 힘이 있다. 하나님의 말씀은 우리로 하여금 회개의 열매를 맺게 한다. 우리에게 회개가 없는 것은 말씀의 의미를 깨닫지 못할 만큼 우리들의 마음이 강퍅하기 때문이다.

다음을 읽어 보자.

☞ 시 119:133(p.895)

....

....

....

시 119:11(p.890)

....

....

....

3. 축제의 예배

백성들이 율법의 말씀을 다 듣고 회개하며 울고 있을 때에 하나님은 느헤미야와 학사 에스라를 통해 말씀하셨다. "오늘은 성일이니 마땅히 조용하고 근심하지 말라." "이 날은 우리 주의 성일이니 근심하지 말라. 여호와로 인하여 기뻐하는 것이 너희의 힘이니라." 하나님의 말씀을 듣는 사람들은 그 말씀으로 인하여 회개의 자리에 있어야 하지만 너무 과하게 슬픔에 빠져 있어도 안 된다. 기뻐하고 즐거워하는 기쁨의 예배가 있어야 한다.

다음을 읽어 보자.

☞ 행 3:19(p.191)

나눔의 시간

1. 오늘의 말씀을 통해서 느낀 점을 말해 보자.
2. 우리들의 예배 태도에 대해 나누어 보자.

제5과

하박국의 소원

본문 / 합 3:2(p.1304)

찬송 / 268(통 202), 288(통 204)

할렐루야! 전도합시다!

리차드 백스터(1615-1691) 부흥을 위한 열심

"나의 육체노동에 비한다면 상점 점원들의 육체노동은 차라리 즐거움이라고 말할 수 있습니다. 그러나 나는 왕의 자리에 앉느니 차라리 지금처럼 땀 흘리며 수고하겠습니다. 점원들의 노동은 건강을 증진시킬 수도 있지만 나의 노동은 도리어 건강을 좀 먹습니다. 그들은 편하게 일할지 모르지만 나는 고통 중에 일합니다. 그들에게는 때때로 여가활동을 즐길 시간이 주어지기도 하지만 나는 식사할 시간도 거의 없습니다. 그들이 일할 때 그들을 귀찮게 하는 사람들이 없지만 내가 일할수록 사람들은 나를 더욱 미워하고 박해합니다."

우리가 백스터처럼 열심을 품고 일한다면 수많은 영혼들을 구할 수 있다.

하박국 3:1은 "시기오놋에 맞춘 선지자 하박국의 기도"라고 소개한다. '시기오놋'은 정열적인 노래를 의미한다. 이는 하박국 선지자가 강한 감정과 긴박감으로 강렬하게 부르짖으며 기도하고 있음을 나타낸다.

1. 부흥을 위하여 하나님의 관점을 받아들여야 한다

"여호와여 내가 주께 대한 소문을 듣고 놀랐나이다." 본래 하박국의 기도는 항의와 불만으로 시작된다. 그는 하나님의 응답을 기대하며 망루 위에 서게 된다. 그러나 하나님의 말씀은 하박국의 생각과는 전혀 다른 것이었다. 하나님의 깊은 뜻을 깨달은 하박국은 비로소 말씀에 감격한다. 부흥의 시작은 나의 사고방식을 벗고 하나님의 관점으로 세상을 보는 것이다. 갱신과 부흥과 변화는 하나님의 말씀으로 말미암는 것이며, 하나님의 말씀으로 돌아가는 것이다. 초점이 나에게서 하나님께로 옮겨가는 것이다. 다시 말해 하나님의 소원을 자신의 소원으로 품는 것이다.

다음을 읽어 보자.

☞ 합 2:20(p.1304)

....

....

....

2. 여호와여 주는 주의 일을 이 수년 내에 부흥하게 하옵소서!

부흥하게 해달라는 의미를 알아보자. "부흥하게 하옵소서." 이 말의 일차적인 의미는 다시 다윗과 솔로몬 시대를 회복시켜 하나님의 진노의 때가 지나가고 하나님의 긍휼의 때를 빨리 허락해 달라는 간청이다. 그리고 더 나아가 예수 그리스도의 오심으로 인류를 구원하는 것이다. 신약적인 의미는 "이 땅에 하나님의 나라가 임하시옵소서. 예수 그리스도의 영광스러운 나라가 임하시옵소서."라는 뜻을 내포하고 있다. 하나님의 교회가, 하나님의 계획하시는 일이 나의 삶 속에서 흥왕하기를 소원하는 것이다.

개인적 차원에서의 부흥의 의미는 하나님을 사랑하는 마음의 회복이다. 우리 주님께서 가장 원하시는 것은 하나님을 사랑하는 마음이 부흥되는 것이다. 부흥은 하나님을 사랑하는 마음이다. 뜨거운 열정, 헌신이 주님을 향해 날마다 타오를 때 부흥된 심령이 된다. 예수님은 "네 마음을 다하고 목숨을 다하고 뜻을 다하고 힘을 다하여 주 너의 하나님을 사랑하라"(마 22:37)고 하셨다. 이런 마음이 다시 마음속에서 불꽃으로 타는 것이다.

부흥은 하나님의 생명의 능력을 받는 것이다. 마치 봄이 오면 봄바람에 겨우내 메말랐던 가지에 싹이 나듯, 사람들의 마음에 주님을 사랑하는 마음으로 충만해진다. 봄이 되면 태양의 따뜻한 햇볕으로 죽은 듯한 땅에서 싹이 나듯이 부흥이 임할 때 마른풀 같은 영혼에 소생의 역사가 있게 된다.

다음을 읽어 보자.

☞ 요일 2:15~16(p.389)

....

....

....

나눔의 시간

1. 오늘의 말씀을 통해서 느낀 점을 말해 보자.
2. 내 영혼에 부흥이 임한다면 어떻게 변화될지 나누어 보자.

제6과

부흥을 위한 거룩함

- 본문 / 출 29:1~9(p.126)
- 찬송 / 542(통 340), 543(통 342)

◈

할렐루야! 전도합시다!

프린스톤 대학의 어떤 학생은 유명한 목사님께 다음과 같이 자신의 고민을 털어 놓았다고 한다.

"저는 날마다 기도를 열심히 하며 성서를 읽고 암송까지 합니다. 학교의 신앙집회는 한 번도 빠진 적이 없습니다. 하지만 한 사람도 제 전도를 받고 그리스도인이 된 사람이 없습니다. 저는 무엇이 잘못되었을까요?"

그때 목사님이 말씀해 주셨다.

"진정한 능력은 형식적인 삶이 아니라 매일의 거룩한 삶에서 나옵니다."

출애굽기 29장은 아론과 그 아들들의 성직 수임식에 대해 말하고 있다. 아론과 그 아들들은 정결하지 못하다면 제사 의식을 집행할 수 없다. 손과 발뿐만 아니라 온몸을 씻어 성결한 몸으로써 거룩한 집례의 의무를 수행하도록 하였다.

1. 우리의 습관을 깨끗게 한다

하나님 앞에 나아와 예배하는 성도들이 가장 크게 주의해야 할 것은 무엇보다도 그릇된 습관으로부터 벗어나는 것이다. 상습적인 죄악의 삶을 즐기면서 신앙이 자라나기 원하는 것은 모순이다. 세상의 죄를 탐닉하고, 교회에 나와 예배하는 것마저 습관화되어 버린다면 성결의 계단을 오를 수 없다. 육체의 재미에 탐닉하게 되면 거룩함이라는 삶의 열매를 맺을 수 없다. 나쁜 습관을 끊을 수 있도록 날마다 결단해야 한다. 습관의 다음 단계는 중독이며 중독은 완전한 자기 파괴로 나아가게 한다.

현대의 많은 기독교인들이 거룩해지기를 중단했다. 그것은 거룩해지려는 노력이 때때로 더 큰 낙심을 낳기 때문이다. 하지만 거룩함은 내적인 갈등을 수반한다. 이것은 거룩한 갈등이다. 자주 실패하지만 하나님은 이런 노력을 기뻐하신다.

다음을 읽어 보자.

☞ 고후 1:12(p.286)

....

....

....

2. 성도는 생각을 거룩하게 해야 한다

모든 죄는 생각으로부터 시작된다. 부정한 죄악은 반드시 생각의 문을 열고 들어온다. 그 생각은 행동을 낳고 그 행동은 위험한 결과를 가져온다. 그것은 때로 유혹이라는 이름으로 우리에게 가까이 다가온다. 이를 미워하며 분명히 돌아서서 예수님의 보혈이 순간마다 깨끗하게 해 주시도록 간구해야 할 것이다. "성령의 감화하심으로 우리 마음의 생각들을 깨끗케 하여 우리로 하나님을 완전히 사랑하게 하소서"라는 간구가 있어야 한다. 이제 우리는 하나님을 예배함에 있어서 제사장을 통하지 않고, 직접 경배하고 감사하며 찬양하고 있다. 이러한 엄숙한 순간에 서 있는 무리들이 부정한 생각을 버리지 못한다면 어떤 외형적인 성결함도 허사가 될 것이다.

다음을 읽어 보자.

☞ 약 4:8(p.374)

....

....

....

3. 우리의 발을 주님께서 씻어 주시도록 하라

거룩함을 이루는 비결 중에 하나가 주님이 이미 주신 보혈을 통한 거룩함을 바라보는 것이다. 우리는 하나님 앞에서 보여야 할 성결이 나의 힘으로 되지 않는다는 사실을 많은 경험을 통해 잘 알고 있다. 우리는 "나는 이미 주님의 보혈로 거룩하게 되었습니다. 나에게 궁극적이요 최종적인 거룩함이 주어졌습니다. 오직 주님의 죄 씻어 주시는 사랑 없이는 아무것도 씻을 수 없습니다"라고 고백해야 한다. 거룩함을 주시는 주님께 우리의 연약함과 부정함을 고백하고 깨끗하게 해 달라고 기도하자.

다음을 읽어 보자.

☞ 엡 4:24(p.314)

....

....

....

나눔의 시간

1. 오늘의 말씀을 통해 느낀 점을 말해 보자.
2. 거룩함을 위해서 버려야 할 습관이 있다면 나누어 보자.

제7과

부흥을 위한 믿음

- 본문 / 롬 4:18~25(p.244)
- 찬송 / 384(통 434), 382(통 432)

◈

할렐루야! 전도합시다!

시카고에 대화재가 나자 시내 중심에 있던 무디 목사의 교회도 모두 불타버렸다. 이를 본 기자들이 무디 목사에게 화재에 대해 빈정거리며 "하나님의 교회가 어떻게 불이 날 수 있느냐"고 질문하였다. 이에 무디 목사는 "우리가 교회를 헐고 다시 세워야 하는데, 하나님이 불에 태워 주셔서 건물을 허는 비용이 들지 않게 하셨습니다"라고 대답했다. 이에 기자들은 "그럼, 그 큰 교회를 세울 돈은 가지고 있습니까?"라고 묻자, 무디 목사는 낡은 성경책을 보이며, "나는 수표와 돈을 가지고 나오지는 못했지만, 아무리 써도 바닥이 나지 않는 하나님의 금고인 성경책을 가지고 나왔습니다"라고 답했다. 그 후 무디 목사는 영국으로 건너가 전 영국을 뒤흔드는 부흥을 일으켰고, 영국에서는 교회 건축을 위해 헌금을 많이 했다.

믿음의 사람이 부흥을 일구어 낸다. 오늘 본문은 아브라함의 믿음이야 말로 하나님께서 인정하시고 기뻐하시는 신앙임을 강조한다. 아브라함은 어떠한 믿음을 가지고 있는지 알아보자.

1. 상황을 극복하는 믿음

아브라함이 하나님께 약속을 받은 때는 그와 그의 아내 사라가 자식을 낳을 수 있는 능력을 완전히 상실한 때였다. 하지만 그는 자신이 이미 생산능력이 없어졌다는 사실을 알고도 하나님의 약속이 성취될 것을 믿었다. 여기에서 경험과 이성을 초월하는 아브라함의 신앙을 볼 수 있다. 상황을 이기는 믿음은 아브라함과 같이 절망적인 현실에 처한다 할지라도 상식과 이성을 초월하시는 하나님의 말씀에 순종하며 그 뜻이 이루어질 것을 믿는 것이다. 그러기에 아브라함의 믿음을 이렇게 높이 평가한다. “아브라함이 바랄 수 없는 중에 바라고 믿었으니 이는 네 후손이 이같으리라 하신 말씀대로 많은 민족의 조상이 되게 하려 하심이라”(롬 4:18). 우리가 도저히 하나님을 믿을 수 없는 상황에 있을 수 있다. 하지만 참 믿음은 이런 상황에서도 하나님을 믿는 것이다.

다음을 읽어 보자.

☞ 렘 32:27(p.1105)

....

....

....

....

2. 의심치 않는 믿음

우리가 믿지 못하는 이유 중 하나는 믿음의 대상이 전혀 믿음직하지 못하다는 데에 있다. 그러나 하나님은 세상에서 볼 수 있는 믿음의 대상과 달리 우리가 전적으로 믿을 수 있는 분이시다. 아브라함은 이 진리를 믿었다. 그는 그 약속의 대상이신 하나님을 의심하지 않았다. 그러므로 그는 하나님의 말씀이면 무엇이나 순종하였고, 하나님이 어디로 인도하든지 따라갔으며 하나님이 요청하시는 것은 무엇이든지 드렸다. 그 결과 그는 믿음의 조상이 되었으며, 모든 사람이 따라야 할 신앙의 본이 되었다.

다음을 읽어 보자.

☞ 히 11:11(p.365)

....

....

....

3. 고난을 이기는 믿음

아브라함의 믿음이 좋았다는 것이 그가 한 번의 갈등도 없었다는 것을 의미하지는 않는다. 아브라함은 자신의 육체의 쇠약함을 가지고 있었다. 하나님의 약속을 받았음에도 불구하고 낙심하기도 했고 절망하기도 했다. 그러나 그는 이런 낙심과 절망을 이겨냈다. 즉 고난을 이기는 믿음을 가졌던 것이다. 참된 믿음은 고난의 상황에서도 이를 이기는 믿음이다. 사람이란 환경이 좋을 때 그 믿음이 좋은 것 같고 잘 믿는 것 같아도 환경이 악화되면 그만 그 믿음이 약하여지는 경우가 많다. 아브라함의 믿음은 고난이 없는 상황에서의 믿음이 아닌 고난을 이기는 믿음이었다. 성경은 이런 믿음에 하나님의 상이 있을 것이라고 약속한다. 우리는 절망되고 낙심이 되지만 고난을 이기는 믿음을 가져야 한다. 이것이 우리의 큰 상급이다.

다음을 읽어 보자.

☞ 롬 4:20~21(p.245)

....

....

....

나눔의 시간

1. 오늘의 말씀을 통해서 느낀 점을 말해 보자.
2. 칭찬받는 믿음을 갖기 위해 내가 배워야 할 것은 무엇인가 나누어 보자.

제8과

사역의 부흥

- 본문 / 행 8:1~8(p.200)
- 찬송 / 286(통 218), 540(통 219)

◈

할렐루야! 전도합시다!

"오늘날 교회 안에 있는 우리들이 부딪친 가장 큰 난제는 신앙을 고백하는 대다수의 사람들, 즉 크리스천들이 '부흥이 있다는 것과 부흥을 해야 한다는 것'을 확신하지 못한다는 사실입니다. 부흥의 주제는 거의 논의조차 하지 않으며, 많은 사람은 다른 일에 너무 바쁜 나머지 부흥에 대해 생각할 틈을 얻지 못하고 있습니다. 부흥을 위해 긴급하게 기도하는 것은 더욱이 드뭅니다."

마틴 로이드 존스(D. Martyn LLoyd Jones)

예루살렘 교회에 놀라운 성장이 있었다. 그러나 예루살렘 교회가 더 성장하기 위해서는 흩어져야 했다. 이때 교회에 큰 핍박이 일어나 사도들을 제외한 모든 성도들이 동서남북으로 흩어지게 되었다. 이로 인해 전 세계를 구원하시려는 하나님의 구원계획이 이뤄지게 되었다.

1. 핍박이 오히려 부흥의 불씨를 퍼뜨렸다(3절)

성경은 "사울이 교회를 잔멸할새 각 집에 들어가 남녀를 끌어다가 옥에 넘기니라"라고 말씀한다. 스데반의 순교를 시작으로 교회에는 큰 핍박이 있었다. 사탄은 교회를 잔해했다. 잔해라는 말은 잔인하게 물어뜯는 야수의 모습을 의미한다. 그러나 놀랍게도 외적인 핍박과 환란은 복음의 확장과 진보를 일으켰다. 이에 맞춰 주님은 극심하게 교회를 핍박한 사울을 변화시켜 이방의 사도로 세우셨다. 교회가 가장 핍박 받는 시기에 놀랍게도 교회는 가장 성장했다. 교회 역사를 볼 때 대부분의 경우 교회 부흥과 성장이 어려움을 맞이할 때에 일어났다.

다음을 읽어 보자.

☞ 행 9:15(p.202)

....

....

....

2. 세상으로 흩어져 나갔다(4절)

성경은 "그 흩어진 사람들이 두루 다니며 복음의 말씀을 전할새"라고 말씀한다. 환난은 성도들을 세상으로 흩어 놓았다. 핍박이 시작되자 성도들은 세상으로 흩어지게 되었던 것이다. 하지만 성도들은 두려움에 떨며 숨어 있지 않았다. 오히려 복음을 높이 들고, 두루 다니며 복음의 말씀을 전했다. 이것을 계기로 복음이 전 세계로 전파되었다. 이것이 바로 하나님의 신비로운 경륜이다. 오히려 환난이 하나님의 기뻐하시는 뜻이었던 것이다. 1절에 "사도 외에는 다 유대와 사마리아 모든 땅으로 흩어지니라"라고 했다. 이는 그리스도의 증인 사명을 감당키 위해 흩어진 결과가 되었다. 밝은 등불은 어둠이 깊은 곳에서 빛을 발한다. 우리가 가진 복음의 빛은 어둠의 세상으로 우리가 나갈 때 더욱 빛을 발한다. 우리가 가진 복음은 세상을 변화시키기 위한 것이다.

다음을 읽어 보자.

☞ 마 28:19(p.52)

....

....

....

3. 복음을 전하기 위해 내 주위의 편안함이란 벽을 넘어야 한다(5~7절)

예수님의 승천 직후 예루살렘 교회는 유대인의 풍습을 좇아가면서 예수님을 믿으려고 했다. 이런 태도는 복음이 널리 전하는 데 많은 걸림돌이 되었다. 선민 유태인이란 우월의식이 복음전파를 막았던 것이었다. 하지만 빌립 집사는 자신의 우월의식을 뛰어넘었다. 문화적인 차이점이란 벽도 넘었다. 그는 예배하고 돌아가는 간다게 여왕의 재무장관에게 그리스도의 복음을 증언했다. 우리의 모습을 생각해 보아야 한다. 혹시 나의 우월의식이 복음을 전하는

데 걸림돌이 되지 않는지, 혹은 나의 자존심이 복음을 전하는데 방해되지 않는지, 내가 우리 구역 안에서 불필요한 자존심을 세우고 있지 않는지 생각해 보자.

다음을 읽어 보자.

☞ 행 8:14(p.200)

나눔의 시간

1. 오늘의 말씀을 통해서 느낀 점을 말해 보자.
2. 복음을 전하기 위해 내가 넘어야 할 벽이 있다면 어떤 것인지 나누어 보자.

제9과

안디옥 교회의 부흥 원리

- 본문 / 행 13:1~3(p.209)
- 찬송 / 325(통 359), 347(통 382)

◈

할렐루야! 전도합시다!

고대 로마의 유적을 그대로 재현하려는 예술 형식이 있다 일종의 타일 모자이크이다. 색깔 타일 조각을 깨어 모자이크처럼 만들어 이미 그려 놓은 그림에 색깔별로 붙여 나가는 작업이다. 폐품이 된 유리 파편들을 밑그림에 따라 붙여 나가는 것이다. 작품에 붙어진 유리 조각은 더 이상 길거리에 흔히 보이는 쓸모없는 폐물이 아니다. 어떤 조각은 사람의 얼굴을 담당하는가 하면 어떤 조각은 사람의 손을 담당한다. 유리 조각은 이렇듯 위대한 작품으로 변화되어 있었다. 조각이 자리를 잡을 때면 사람들은 그 아름다운 모습에 탄성을 자아내게 된다. 성도들도 하나님의 모습을 나타내는 하나님의 위대한 예술이라 할 수 있다. 우리는 하나님의 영광을 나타내는 조각들로 역할을 수행해야 한다.

현대 교회의 모범이라고 할 수 있는 이 안디옥 교회는 여러 면에서 우리에게 좋은 본보기가 된다. 우리 교회들이 지향해야 할 모습을 보여 준다. 하나님이 기뻐하시는 교회의 바른 모습을 알게 된다.

1. 다양함을 인정하는 교회(1절)

안디옥 교회는 다양한 배경을 가진 사람들이 모인 교회였다. 백인뿐 아니라 흑인도 있었고 상류층 인사도 있었고 가난한 사람도 있었다. 귀족도 있었고 노예도 있었다. 유대인과 헬라 사람들이 함께했다. 다시 말해 다양함이 수용된 교회였던 것이다. 다양함은 잘못이 아니다. 나와 다른 것도 잘못이 아니다. 교회가 크게 성장하기 위해서는 다양성이 존중되어야 한다. 하나님은 다양한 성격을 만드셨다. 다양한 색채의 꽃을 만드셨다. 다양함은 하나님의 선물이다. 우리 구역은 나와 다른 성격의 사람을 존중하는가? 나와 다른 사회적 위치의 사람도 존중되는가? 나와 다른 의견도 존중되는지 생각해 보자.

다음을 읽어 보자.

☞ 요 17:20~26(p.178)

....

....

....

2. 성령의 인도를 받는 교회

교회의 최고 의사 결정자는 성령님이 되셔야 한다. 예루살렘 교회와 마찬가지로 안디옥 교회는 금식과 기도를 교회 최고 의사 결정 방법과 운영 방침으로 삼았다. 행정이나 조직이나 어떤 체계가 잘되어 있어 부흥된 것은 아니다. 그들의 바른 태도로 인한 부흥이었다. 이는 성령 하나님을 의지하는 태도를 가리킨다. 이들은 '의지'라는 방법으로 교회를 인도하였다. 하나님의 뜻을 바르게 분별키 위해 금식하며 기도했다.

다음을 읽어 보자.

☞ 마 18:19(p.30)

....

....

....

3. 명령에 순종하는 교회 (2-3절)

2절은 "주를 섬겨 금식할 때에 성령이 이르시되 내가 불러 시키는 일을 위하여 바나바와 사울을 따로 세우라 하시니"라고 말씀한다. 사울과 바나바를 선교사로 보내라는 성령님의 명령이시다. 그들은 주저하지 않고 순종했다. 교회의 가장 핵심 멤버를 다른 교회를 섬기라고 보내는 것은 어려운 결단이다. 그럼에도 불구하고 성령님의 명령이었기 때문에 그들은 순종하고 파송했다. 하나님의 말씀에 순종할 때 역사가 일어난다. 우리도 하나님의 말씀을 많이 아는 것에 그쳐서는 안 된다. 순종으로 나아가야 한다.

다음을 읽어 보자.

☞ 골 1:24(p.325)

....

....

나눔의 시간

1. 오늘의 말씀을 통해서 느낀 점을 말해 보자.
2. 우리 교회 안에 있는 다양함을 생각해 보고 나누어 보자.

제10과

영적 부흥에 대한 약속

- 본문 / 욜 2:28~32(p.1273)
- 찬송 / 423(통 213), 270(통 214)

◈

할렐루야! 전도합시다!

길선주 목사님은 항상 성령 충만하기를 갈망하며 자신의 삶을 온전히 주님께 맡기고 살았다. 매일 한 시간씩 기도하고 매주 삼일씩 금식기도를 했으며, 매년 일주일간 금식하며 기도하는 것을 세상 떠나는 날까지 계속하였다. 또한 그는 성경 읽는 데도 최선을 다했다. 매일 한 시간씩 성경을 읽고 외우고자 힘썼다. 성경 연구와 집필을 하루 평균 세 시간씩 했고 하루도 빠짐없이 두 시간씩 독서했다.

그는 일생을 통해 구약 30회, 창세기, 에스더, 이사야서는 540회, 신약 100회, 요한계시록은 10,000회, 요한서신은 500회를 통독하였다.

하나님은 현재의 힘든 상황 속에서 내일의 놀라운 영적 부흥을 주실 것을 약속하셨다. 본문에는 이스라엘 백성들이 기대하지도 생각지도 못했던 부흥의 축복이 선포되고 있다.

1. 성령을 만민에게 주신다(28절)

하나님은 "내가 내 영을 만민에게 부어 주리니"라고 약속하셨다. 성령을 모든 사람들에게 부어 주시겠다는 약속이다. 성령을 통한 부흥이 어떤 특정한 사람에게만 아니라 모든 사람에게 일어날 것을 약속한다. 즉 만민, 모든 '육체'에게 주신다는 것이다. 이는 옛날 육체가 된 인간에게 내렸던 저주가 풀릴 것이라는 약속이다. 단순히 이스라엘의 역사가 바로 잡히고 회복되는 것을 말하는 정도가 아니다. 아담 이후 모든 인류에게 내려졌던 저주가 끊어지고 하나님의 축복이 나에게 일어날 것을 약속하신 것이다.

28절을 보면 "너희 자녀들이 장래 일을 말할 것이며 너희 늙은이는 꿈을 꾸며 너희 젊은이는 이상을 볼 것이며"라고 말씀한다. 여기서 장래의 일을 말한다는 것은 하나님께로부터 들은 것을 말한다. 다시 말해 영적인 귀가 열렸다는 것이다. 꿈을 꾼다는 것은 하나님께 계시를 받게 되었음을 의미한다. 실제로 구약 시대에 성령은 하나님께서 택하신 특정한 소수의 사람들에게만 임했다. 그리고 예언자나 제사장 때로는 왕과 같은 특정 직분을 맡은 사람들에게만 하나님의 영이 임하였다. 그래서 일반 백성들이 하나님의 말씀을 듣기 위해서는 특별하게 성령을 받은 사람에게 가야만 했다.

그러나 이제 회개한 하나님의 백성이면 누구에게나 성령이 부어지게 될 것이라는 약속이 선포되었던 것이다.

다음을 읽어 보자.

☞ 창 6:1~3(p.7)

....

....

....

2. 구원을 받겠다는 약속(32절)

"누구든지 여호와의 이름을 부르는 자는 구원을 얻으리니." 30절과 31절에 재앙에 관한 예언이 있다. 이것은 주님의 재림 이전에 있을 재앙을 가리킨다. "여호와의 크고 두려운 날이 이르기 전에 해가 어두워지고 달이 핏빛 같이 변하려니와"라고 말씀한다. 전 인류에게 있을 재앙에 관한 예언이다. 이런 재앙 속에서 구원을 받을 수 있는 유일한 방법이 있다. 그것은 여호와의 이름을 부르는 것이다. 여호와의 이름을 부름은 구체적으로 여호와 하나님을 찾는 것을 의미한다. 간절한 마음으로 여호와의 이름을 부르는 것이다. 우리가 예배 현장에서 여호와를 찾으려는 간절한 마음으로 여호와의 이름을 부르며 여호와께 나아갈 때 여호와께서 우리를 만나 주시고, 우리를 구원하여 주신다.

다음을 읽어 보자.

☞ 엡 4:11~12(p.313)

....

....

....

나눔의 시간

1. 오늘의 말씀을 통해서 느낀 점을 말해 보자.
2. 여호와를 찾기 위해 버려야 할 것이 있다면 나누어 보자.

제11과

고난 중에 평안

- 본문 / 마 11:28~30(p.18)
- 찬송 / 268(통 202), 288(통 204)

◈

할렐루야! 전도합시다!

영국의 유명한 설교가인 스펄전 목사님에게 젊은 신학생 한 명이 찾아와 다음과 같이 질문을 했다.

"목사님, 목사님도 낙망하신 일이 있습니까?"

스펄전은 대답했다.

"나는 적어도 지난 20년 동안 낙망한 적이 없네. 나는 그동안 하나의 중요한 원리를 내 삶에 적용하고 있었지. 그것은 계속해서 주님을 바라보는 것이라네. 나는 하루에 단 반시간도 주님을 생각하지 않고 지나간 일이 없네. 그래서 내가 낙망을 모르고 살아왔던 것이네. 어려운 때에도, 낙망이 오려고 할 때에도 주님을 생각하게."

사람은 누구나 자기가 인생에서 메야 하는 멍에가 있다. 멍에 없는 인생은 없다. 개인으로서의 멍에, 가족으로서의 멍에, 직장인으로서의 멍에, 성도로서의 멍에 등이 있다. 사람들은 지고 있는 멍에에 따라 고난을 받는다. 주님은 이같이 멍에를 지고 힘들게 걸어가는 모든 인생에게 '오라' 고 말씀하신다. 우리에게 초청장을 보내 정중하면서도 간절하게 초대하고 계신다. 고난이 있는 우리의 인생 가운데서 평안을 누리는 비결을 알아보자.

1. 고난 가운데 얻는 주님의 안식(28절)

수고하고 무거운 짐 진 자들이 주님께 나아와 짐을 맡기면 주님은 우리 짐을 져 주신다. 따라서 우리는 보다 쉽게 되며 안식과 즐거움이 넘치는 삶을 살게 된다. 우리는 주님을 믿음으로써 주님의 안식을 체험하게 된다. 주님이 주시는 안식이 있을 때 우리는 다시 세상으로 나갈 힘을 얻게 된다. 더구나 우리의 영혼이 주님이 주시는 안식을 체험하면 큰 힘이 솟아난다. 이 험난한 세상을 살아가면서 주님이 주시는 평안과 쉼을 얻는 자는 최고의 보배를 지니고 사는 사람이다. 어떤 고난 가운데서도 우리는 주님이 주시는 평안을 진정으로 체험할 수 있다.

다음을 읽어 보자.

☞ 시 119:165(p.897)

2. 온유와 겸손으로 얻는 쉼(29절)

"나는 마음이 온유하고 겸손하니 나의 멍에를 메고 내게 배우라 그리하면 너희 마음이 쉼을 얻으리니." 쉼을 얻기 위해서는 마음이 온유하고 겸손해야 한다. 여기서 맡긴다는 말과 온유하고 겸손하다는 말은 사실 동전의 앞과 뒤와 같다. 무엇이든지 주님에게 맡기는 사람은 온유하고 겸손한 사람이다. 온유하고 겸손한 사람은 일을 할 때 자기의 힘으로 하지 않는다. 능력의 주님 손을 믿고 의지하며 그 손에 맡긴다. 그럴 때 그는 쉼을 얻을 수 있다. 그러므로 우리는 온유하고 겸손한 사람이 되어야 한다.

다음을 읽어 보자.

☞ 요 14:27(p.173)

....

....

....

3. 주님을 바라봄(30절)

성도의 위로와 능력은 주님과 주님의 십자가에 있다. 성 프란체스코는 삶 가운데서 마음의 풍랑을 만날 때마다 예수 그리스도의 멍에, 곧 십자가를 생각했다. 그는 "피곤함과 짜증, 괴로움, 분노와 갈등 등 마음의 동요가 일어날 때 예수 그리스도의 십자가에 나타난 사랑과 인내를 생각하면 평안을 찾을 수 있었다"라고 고백하였다. 삶 속에서 우리를 위해 십자가에 매달린 예수님을 바라보자. 우리의 멍에를 메신 십자가의 주님을 바라보자. 탕자같이 방황했던 어거스틴도 주님 품에 안긴 후에야 참된 평안을 느꼈다고 하였다. 주님이 주시는 평안은 세상이 줄 수 없는 안식이다. 주님 안에서 쉼을 얻음은 영혼에서 솟는 편안함이요, 기쁨을 의미한다.

다음을 읽어 보자.

☞ 욥 22:21(p.783)

....

....

....

나눔의 시간

1. 오늘의 말씀을 통해서 느낀 점을 말해 보자.
2. 주님이 주시는 평안을 경험했다면 나누어 보자.

제12과

바울의 풍랑

- 본문 / 행 27:9~26(p.235)
- 찬송 / 325(통 359), 218(통 367)

◈

할렐루야! 전도합시다!

언젠가 미국 마사추직 연해에서 S-4 잠수함의 충돌 사건으로 모든 승무원이 잠수함에 갇힌 사건이 있었다. 승무원들을 구하기 위해 온갖 방법이 다 사용되었지만, 모두 수포로 돌아갔다.

이 구조 작업에 참여했던 다이버들이 가라앉은 잠수함에서 어떤 소리를 들었다고 한다. 그것은 철모를 이용해 잠수함의 벽을 두드리는 소리였다. 가만히 들어보니 특정한 소리로 알파벳을 전하는 모르스 부호였다. 바다 깊은 곳 잠수함에서 같은 질문을 반복하고 있었던 것이다.

"희망이 조금이라도 있는가?"(is there any hope?)

바울은 지중해에서 큰 풍랑을 만나 죽음을 목전에 두게 되었다. 우리는 이 말씀을 통해 인생의 풍랑 가운데 하나님이 어떻게 역사하시는지 알게 될 것이다.

1. 선장과 선주의 말을 바울의 말보다 신뢰했다

금식 절기란 단어로 추정하면 아마 10월 5일경이 될 것이다. 이때 바울은 복음을 전했다는 죄목으로 로마 군인에 의해 체포되어 재판을 받으러 가는 길이었다. 로마로 이송되어 가는 중에 배의 진로를 어떻게 할 것인가에 대한 문제가 생겼다. 바울은 10절에 "여러분이여 내가 보니 이번 항해가 하물과 배만 아니라 우리 생명에도 타격과 많은 손해를 끼치리라"라고 경고하였다. 하지만 선장과 선주는 이 말을 듣지 않았다. 결정권이 있는 백부장은 항해의 전문가라고 할 수 있는 선장과 선주의 말을 더 믿었다. 그래서 그는 배를 출발시켰다. 이렇게 출항한 배는 얼마쯤 가다가 강력한 태풍인 유라굴로를 만나게 되었다. 우리 시대에도 이와 같은 일은 얼마든지 일어날 수 있다. 자신과 다른 사람의 경험과 지식을 의지하여 따라가다가 어려운 일을 당하게 된다. 하나님의 말씀은 나와 다른 사람의 경험과 지식보다 우선된다.

다음을 읽어 보자.

☞ 벧전 2:19(p.379)

....

....

....

2. 소망을 접지 않아야 한다

바람이 불자 이들은 며칠째 그냥 밀려가게 된다. 폭풍은 조금도 약화될 조짐을 보이지 않고 오히려 더욱 심해졌다. 그들은 배를 가볍게 하기 위해 귀중한 짐을 바다에 버릴 수밖에 없었다. 20절에 말씀한다. "큰 풍랑이 그대로 있으매 구원의 여망마저 없어졌더라." 정신적으로 어려운 압박을 받게 되면 누구나 모든 것을 포기하고 버리고 싶은 충동을 갖게 된다. 자신의 꿈도 포기하고, 자신에게 중요했던 사람들과의 관계조차 끊어 버리려 한다. 하지만 이와 같은 고난 속에서 결코 포기해서는 안 될 것이 하나 있다. 그것은 바로 소망이다.

윌리암 버클리는 말했다. "희망이 있는 한 사람들은 어떤 고통도 견뎌 낸다. 왜냐하면 그는 깊은 밤중에 걷는 것이 아니라 동트기 직전의 어둠에 있다고 생각하기 때문이다."

다음을 읽어 보자.

☞ 히 2:18(p.355)

....

....

....

3. 바울의 반응 – 하나님께 닻을 내림

모든 일들이 어려워져 배가 산산조각 나는 것 같은 위기감이 들 때 우리는 무엇을 해야 할까?

폭풍 속에서 있을 때 해야 할 가장 중요한 일은 조용히 주님을 바라보며 하나님께 닻을 내리는 것이다. 지금 감당하기 어려운 일을 당하고 있는 성도들은 너무 힘들어 이제 마지막이라고 생각할 수도 있다. 하지만 하나님께 닻을 내리게 되면 하나님의 도우심을 받을 수 있다. 하나님은 지금도 살아 역사하시기 때문이다.

다음을 읽어 보자.

☞ 골 1:24(p.325)

....

....

....

나눔의 시간

1. 오늘의 말씀을 통해서 느낀 점을 말해 보자.
2. 내가 붙잡아야 할 소망의 말씀이 무엇인지 나누어 보자.

제13과

스트레스 극복

- 본문 / 벧전 5:7(p.382)
- 찬송 / 91(통 91), 531(통 321)

◈

할렐루야! 전도합시다!

어느 날 프랑스 파리의 정신과 병원에 한 청년이 우울증을 호소하며 찾아왔다. 의사는 상담을 하다 이렇게 권면했다. "그렇게 방안에만 있지 말고 밖에 나가 유명한 희극 배우 그리말디의 쇼를 보시오. 그 쇼를 보면 한결 기분이 나아지고, 인생이 달리 보일 것입니다." 그 청년은 의사의 권고에 아무 대답도 하지 않고 조용히 병원을 나서면서 이렇게 중얼거렸다. "선생님, 제가 바로 그 희극 배우 그리말디입니다."

어떤 의학 통계에 의하면 60세 이전에 심장마비로 사망하는 사람의 90%는 스트레스의 영향을 받았다고 보고한다. 암 같은 질병도 근본적으로 스트레스 때문에 생기는 것이라고 한다. 신앙은 우리의 육신을 건강하게 한다. 예수님을 영접하고 믿음을 가지면 스트레스를 이기는 길이 열리게 된다.

1. 하나님께 맡겨야 합니다

스트레스를 극복하기 위해서는 염려를 하나님께 맡겨야 한다. "너희 염려를 다 주께 맡기라"라고 말씀한다. 영어 성경은 '맡기라'를 '던져 버리라'로 해석하였다. 염려의 보따리는 하나님께 던져 버려야 하나님이 맡아 주신다. 그것은 '하나님이 우리를 보살펴 주시기 때문'이다. 어떤 사람들은 예수님을 믿는다고 하면서도 모든 것을 하나님께 맡기지를 못한다. 자기가 붙들고 있어야 인생이 원하는 대로 되는 줄 안다. 스트레스를 이기려면 우리의 의지도, 앞길도, 말과 행위도 하나님께 맡겨야 한다.

로마서 12:1-2에 "그러므로 형제들아 내가 하나님의 모든 자비하심으로 너희를 권하노니 너희 몸을 하나님이 기뻐하시는 거룩한 산 제물로 드리라 이는 너희가 드릴 영적 예배니라 너희는 이 세대를 본받지 말고 오직 마음을 새롭게 함으로 변화를 받아 하나님의 선하시고 기뻐하시고 온전하신 뜻이 무엇인지 분별하도록 하라"라고 말씀한다.

우리의 의지와 언행심사까지도 하나님께 드려야 하나님이 치료해 주시고 보호해 주신다.

다음을 읽어 보자.

☞ 롬 6:13(p.246)

....

....

....

2. 하나님을 의지해야 한다

시편 37:40에 "여호와께서 그들을 도와 건지시되 악인들에게서 건져 구원하심은 그를 의지한 까닭이로다"라고 말씀한다. 하나님을 의지했기 때문에 하나님이 저를 악인에게서 건져 주셨다는 의미다. 많은 사람이 하나님보다 사람을 더 의지하게 된다. 의사를 의지하고, 변호사를 의지하고, 친구를 의지하면서도 하나님을 의지하지 않는다. 우리가 스트레스를 이기려면 사람보다는 주님을 의지해야 한다. 인간의 능력은 한계가 있다. 그러나 하나님의 능력은 무한하며 결코 실패하는 법이 없다. 종이 한 장은 아주 약하다. 그러나 이 종이를 철판에 붙인다면 주먹으로 쳐도 찢어지지 않는다. 이렇게 조금의 틈도 없이 굳세게 하나님을 의지할 때, 어떤 불안이나 스트레스도 나를 사로잡지 못한다.

다음을 읽어 보자.

☞ 잠 17:22(p.930)

....

....

....

3. 주 안에서 기뻐해야 한다

사도 바울은 빌립보서 4:4-5에서 "주 안에서 항상 기뻐하라 내가 다시 말하노니 기뻐하라 너희 관용을 모든 사람에게 알게 하라 주께서 가까우시니라"라고 당부한다. 잠언 18:14은 "사람의 심령은 그의 병을 능히 이기려니와 심령이 상하면 그것을 누가 일으키겠느냐"고 말씀한다. 암세포를 죽이는 임파구를 강하게 하는 것은 호르몬 엔돌핀이다. 이는 마음이 편하고 기쁠 때 나온다. 몇천 년 전에 기록된 성경 말씀이 진리라는 것을 현대 의학이 증명한다.

다음을 읽어 보자.

☞ 시 119:164(p.895)

....

....

....

나눔의 시간

1. 오늘의 말씀을 통해서 느낀 점을 말해 보자.
2. 자신의 스트레스 해소 방법을 나누어 보자.

제14과

욥의 고난

- 본문 / 욥 23:1~14(p.783)
- 찬송 / 407(통 465), 408(통 466)

◈

할렐루야! 전도합시다!

어떤 사람이 몇 시간째 누에에서 벗어나려는 나비의 몸부림을 관찰했다. 그는 몸부림치는 애벌레를 불쌍히 여겨 가위와 핀셋을 집어 들었다. 그가 누에를 조금 찢자 애벌레는 날개를 펼칠 수는 있었지만 날지를 못하였다. 그는 좁은 누에를 벗어나려고 악전고투하는 과정에서 애벌레가 비로소 날 수 있는 힘을 얻게 된다는 사실을 알지 못했다. 하나님은 나비 애벌레에게 좁은 입구를 주셔서 빠져 나오려 애쓰는 가운데 비로소 날 수 있는 힘을 얻게 하셨던 것이다. 고난은 우리가 벗어나야 하는 좁은 누에와 같다. 누에를 우리 힘으로 벗어나게 될 때 우리에게 놀라운 변화가 생긴다. 이 변화는 우리를 정금 같은 신앙으로 변모하게 한다. 나비가 날 수 있는 힘을 이 과정에서 얻는 것 같이 우리 성도들도 환난과 어려움을 통과하며 믿음의 날개를 펼 수 있는 힘을 얻게 된다.

욥은 신실하게 신앙생활을 하며 바르게 살아가려고 몸부림 친 의로운 사람이다. 이와 같은 욥은 악한 그 어떤 사람보다 고통스러운 깊은 고난을 당하였다. 하지만 욥은 마침내 그 고난을 이기고 큰 축복을 받았다. 그렇다면 우리는 고난이 다가올 때 어떻게 해야 하는지 알아보자.

1. 고난 중에서도 하나님이 나의 곁에 있음을 알게 된다

욥은 23:8-9에서 말한다. "내가 앞으로 가도 그가 아니 계시고 뒤로 가도 보이지 아니하며 그가 왼쪽에서 일하시나 내가 만날 수 없고 그가 오른쪽으로 돌이키시나 뵈올 수 없구나." 이는 "하나님 지금 어디에 계십니까?"라고 말하는 것이다.

고난 중에는 말할 수 없는 고독감을 느낀다. 감정적으로 힘들며, 영적인 생활도 잘 지속할 수 없다. 이런 고통 가운데서 우리는 하나님을 수천만 킬로나 떨어져 계신 분으로 느끼게 된다. 하지만 우리는 이럴 때에도 하나님이 여전히 나를 사랑하시며 나와 함께 하시는 분임을 알아야 한다. 우리가 고통을 당할 때 우리 안에 계신 주님은 우리가 고통당하는 것보다 더 아파하신다.

다음을 읽어 보자.

☞ 고후 1:5(p.286)

....

....

....

....

2. 고난은 의지할 수 있는 분이 오직 하나님뿐임을 알게 한다

고난을 당하기 전에 욥은 많은 사람이 주위에 있었다. 이들은 그를 도와줄 것 같고 그를 위해서 불에라도 뛰어들 것 같았다. 그러나 막상 환난의 폭풍우가 그에게 몰아치자 사람들은 그를 멀리하고 그를 가까이에서 위로해야 할 아내는 하나님을 저주하고 죽으라고 하였다. 더욱이 친구들은 그를 찾아와 자신들의 입장에서 비난하기 시작하였다. 욥은 자신의 억울함은 오직 하나님만 해결해 줄 수 있음을 깨닫고 하나님만을 바라보았다. 욥은 하나님만을 바라보는 자로 변화되었다. 오직 하나님만이 그가 의지할 수 있는 유일한 분이 되었다. 욥은 고난을 통해 자신을 끝까지 지키시는 분이 하나님이시라는 사실을 알게 되었던 것이다.

다음을 읽어 보자.

☞ 빌 1:29(p.319)

....

....

....

3. 고난은 우리를 정금같이 변화시킨다

하나님은 우리의 미래를 알고 계신다. 우리의 달려갈 길은 오직 하나님만이 알고 계신다. 그러므로 하나님은 우리에게 정금 같은 믿음을 주고 싶어 하신다. 이것은 재물보다 귀한 보배이다. 우리에게도 고난이 올 수 있다. 이럴 때 우리는 하나님을 원망하거나 자신의 신앙생활에 회의를 가질 수도 있을 것이다. 연약한 인간이기에 그럴 수 있다. 하지만 우리가 하나님을 더욱 의지하고 믿음으로 고난을 이겨낸다면 이를 통해 창공을 날 수 있는 믿음, 즉 정금 같은 믿음으로 변화될 것이다.

다음을 읽어 보자.

☞ 약 5:13(p.376)

....

....

....

나눔의 시간

1. 오늘의 말씀을 통해서 느낀 점을 말해 보자.
2. 자신이 체험한 고난의 유익을 나누어 보자.

제15과

주님의 고난

- 본문 / 사 53:5(p.1032)
- 찬송 / 410(통 468), 412(통 469)

◈

할렐루야! 전도합시다!

루터가 심한 병에 걸렸을 때 죽음의 악마가 그의 병상으로 들어왔다. 그 악마는 자신의 손에 긴 두루마리를 펼쳐 보였다. 그곳에는 루터 자신이 그동안 지어왔던 모든 죄가 낱낱이 적혀 있었다. 루터는 자신의 죄가 기록된 두루마리를 보면서 '이제 지옥에 갈 수 밖에 없구나' 하는 생각이 들었다. 그때 갑자기 그의 마음에 한 가지 생각이 떠올랐다. 그는 큰소리로 마귀에게 말하였다. "네가 잊은 것이 하나 있다. 그것은 예수 그리스도의 보혈이다. 내가 이 모든 죄를 지은 것이 사실이나 예수님의 보혈이 나의 이 모든 죄를 이미 십자가에서 다 용서하셨다."

예수 그리스도의 죽음은 보통 인간의 죽음과 달랐다. 모든 인간의 죄의 무게가, 버림받은 극한의 고통과 괴로움이, 육체의 고통이 예수님을 짓눌렀다. 그러나 예수님은 십자가상에서 마지막으로 말씀하셨다. “내가 다 이루었다.” 예수님은 극심한 고난 가운데 인류의 구원을 완성하셨다. 오늘은 주님의 정신적인 고난과 육체적인 고난을 묵상하자.

1. 예수님이 당하신 정신적인 고난

돌아가시기 전날 예수님이 겟세마네 동산에서 드린 기도를 보면 예수님의 정신적 고통을 알 수 있다. 이때 예수님의 고통이 얼마나 큰지 이마에서 땀이 피같이 흘렀다고 성경은 말씀한다. 우리가 이 보혈을 묵상할 때 하나님의 말씀에 전적으로 순종할 수 있는 힘을 얻게 된다.

예수님의 또 다른 정신적 고통은 배신이다. 예수님은 가장 믿고 사랑했던 사람들로부터 배신을 당하셨다. 주님은 가룟 유다에게 배신을 당하셨고 가장 믿었던 베드로에게 배신을 당하셨다. 배신한 것은 다른 제자들도 마찬가지였다. 다른 제자들도 모두 주님을 버렸다. 예수님이 군인들에게 잡히시자, 제자들은 모두 예수님을 모른 체하고 도망갔다. 그들은 주님과 함께 감옥이나 죽는 곳까지라도 가겠다고 말하며 예수님을 따라다니던 사람들이었다. 베드로는 예수님이 보시는 앞에서 살기 위해 예수님을 모른다고 세 번이나 부인하였다. 그것도 저주하면서까지 말이다. 이 배신으로 예수님이 당하신 고통은 말로 할 수 없다. 이것은 당해 보지 않고는 알 수 없는 극심한 고통이다. 예수님은 이 모든 고난을 우리를 축복하기 위해 자신의 의지로 선택하셨던 것이다.

다음을 읽어 보자.

☞ 시 34:19(p.826)

....

....

....

2. 예수님이 당하신 육체적 고난

가야바의 뜰에 끌려오신 예수님은 이곳에서 밤새도록 심문받고 매를 맞으며 모진 고통을 당하셨다. 예수님을 주먹으로 치고 발로 차며 수염을 뜯었다. 예수님은 흉악자들에게 끌려가 밤새도록 모진 고통을 당하셨다. 하늘의 보좌에서 우주를 호령하시며 천사들까지 다스리는 분이 인간들의 주먹에 맞아 얼굴이 퉁퉁 부어오르셨다. 천국과 지옥의 운명으로 심판하시는 주님이 사람들에게 수염이 뽑히며 수치와 아픔을 당하셨다. 하늘의 천군천사들도 감히 얼굴을 바로 쳐다보지 못하는 분이 수치스러운 침 뱉음을 당하셨다.

로마의 군인들은 예수님께 가시관을 씌우고 채찍으로 등을 때렸다. 밤새도록 한숨도 못 주무시고 아무것도 잡숫지 못하신 예수님을 또 나무에 묶고 40에 하나를 감한 강한 매를 때렸다. 이 채찍으로 등을 때리면 납이나 쇳조각이 몸에 파고 들어가고 이를 당길 때 속살을 그대로 파헤쳐 피투성이가 되게 하였다. 그들은 이것을 39차례나 때렸다. 예수님의 등은 갈기갈기 다 찢어져 피가 강물처럼 흘러내렸다.

성경은 말씀한다. "그는 실로 우리의 질고를 지고 우리의 슬픔을 당하였거늘 우리는 생각하기를 그는 징벌을 받아 하나님께 맞으며 고난을 당한다 하였노라 그가 찔림은 우리의 허물 때문이요 그가 상함은 우리의 죄악 때문이라 그가 징계를 받으므로 우리는 평화를 누리고 그가 채찍에 맞으므로 우리는 나음을 받았도다"(사 53:45). 고난 자체가 선은 아니다. 모든 사람이 고난을 당한다고 축복된 사람이 되는 것은 아니다. 그러나 우리가 하나님의 섭리를 믿고 예수님을 바라보고 믿음으로 이겨내면 고난은 큰 축복으로 변화된다.

다음을 읽어 보자.

☞ 시 140:12(p.905)

....

....

....

나눔의 시간

1. 오늘의 말씀을 통해서 느낀 점을 말해 보자.
2. 자신이 경험한 고난의 유익을 나누어 보자.

제16과

하나님의 세 가지 이름

- 본문 / 창 22:14(p.29)
- 찬송 / 250(통 182), 252(통 184)

◈

할렐루야! 전도합시다!

유대인들의 육아법 가운데 이런 것이 있다. 어린 자녀가 차츰 자아의식을 형성해 가면 아이들과 신나게 놀던 아빠는 어느 날 갑자기 그 아들을 홱 던져 버리고 냉정하게 돌아선다. 이런 경험을 통해 아이는 인간에게는 까닭 없는 배신이 있다는 것과 인간은 이렇게 변화무쌍한 존재라는 것을 몸으로 체험하게 된다. 어린 아들에게 아빠는 사랑의 대상이요, 다정한 친구요, 자신의 삶을 모두 책임지고 있는 존재로서 아이에게만은 하나님 방불한 실존이다. 아빠는 자기 아들에게 "아들아 사람을 믿지 말아야 한다. 심지어 이 아빠도 너를 배신할 수 있다는 사실을 명심해야 한다"라고 교훈한다. 그리고 인간이 영원히 믿을 수 있는 대상은 오직 하나님 한 분뿐이라고 가르친다.

이스라엘 사람들에게 있어서 이름은 특별한 의미가 있다. 우리는 하나님의 이름에 대해 알게 되면 그분의 성품을 더 잘 이해하게 된다.

1. 여호와 이레

'여호와 이레'는 '하나님이 우리를 위해 예비하시는 하나님'이다. 아담이 태어난 날에 그들은 먹고 입는 문제를 걱정할 필요가 없었다. 하나님이 그들을 위해 앞선 5일 동안 모든 것을 다 마련해 두셨기 때문이다. 그들이 걸어 다닐 땅을 만드셨으며 마실 강을 만드셨다. 뿐만 아니다. 새들이 태어났을 때는 이미 그들을 위해 광활한 하늘이 준비되어 있었다. 바다의 고기가 만들어졌을 때 하나님은 이미 그들을 위해 마음껏 헤엄칠 수 있는 바다를 만드셨다. 아브라함은 하나님의 성품을 깨닫고 고백한다. 하나님은 준비해 주시는 하나님이다. 하나님은 아브라함을 위해 미리 제물을 준비하셨다. 또한 천지를 만드실 때 우리를 위해 모든 것을 준비하신 하나님은 또한 우리를 구원하시기 위해 예수님을 미리 십자가에서 죽이심으로써 우리를 구원하기 위해 필요한 모든 것을 준비해 주셨다.

다음을 읽어 보자.

☞ 고전 2:9(p.264)

....

....

....

2. 여호와 라파

'여호와 라파'는 '우리의 병을 치료하시는 의사되신 하나님'이라는 뜻이다. 즉 하나님이 치료자가 되신다는 의미이다. 하나님의 치유는 전인적이다. 우리가 예수님을 믿게 되면 주님은 먼저 우리의 병든 영혼과 마음을 치료하기 시작하신다. 우리는 알게 모르게 많은 상처를 받고 살아왔다. 우리 마음을 드리면 주님은 우리 마음의 모든 아픔과 상처를 치료하셔서 기쁨과 사랑과 평화가 넘치는 마음이 되게 하신다. 그리고 주님은 육신을 치료하신다. 예수님을 믿고 병에서 회복된 수많은 사람들이 이를 증언하고 있다. 현대 과학은 불가능하다고 말하지만 우리는 과학보다 하나님의 말씀을 더욱 신뢰한다.

다음을 읽어 보자.

☞ 말 4:2(p.1330)

....

....

....

3. 여호와 닛시

'여호와 닛시'는 '하나님은 우리의 깃발'이라는 뜻이다. 이는 모세와 여호수아가 아말렉과의 전투에서 승리를 주신 하나님을 표현하면서 사용되었다. 깃발은 승리를 상징한다. 하나님이 없는 인생은 이 땅에서 아무리 노력하고 땀을 흘려도 결국 죽음이라는 고약한 녀석에게 모든 것을 다 빼앗기고 만다. 그런데 예수님께 나아오게 되면 우리는 승리하는 인생으로 변화된다. 우리의 대장되신 예수님이 죽음과 싸워 이기셨기 때문이다. 죽음이 예수님 앞에 무릎 꿇고 자신의 패배를 시인했다. 예수님 편에 서게 될 때 우리는 인생의 역전을 경험하게 된다.

다음을 읽어 보자.

☞ 출 17:15(p.109)

....

....

....

나눔의 시간

1. 오늘의 말씀을 통해서 느낀 점을 말해 보자.
2. 자신이 체험한 하나님의 이름에 대해 나누어 보자.

제17과

구제의 은사

- 본문 / 마 6:3~4(p.8)
- 찬송 / 499(통 277), 220(통 278)

◈

할렐루야! 전도합시다!

부자 십계명

이것으로 진정한 부자인가를 점검해 보자.

1. 이웃이 잘 될 때 마음이 흐뭇하다. 2. 다른 사람에게 돈을 꾸어 주거나 줄 때 아까운 생각이 들지 않는다. 3. 자녀들이 보통사람들로 성장하고 있는 것에 감사한다. 4. 식사기도 때 건강과 먹을 것 주심에 대해 감사한다. 5. 남을 비판하는 마음보다 염려하고 축복하는 마음이 더 크다. 6. 과거나 현재를 후회하거나 한탄하기보다 내일에 대한 꿈이 크다. 7. 가장 바쁘고 중요한 일을 할 때 하나님을 생각한다. 8. 헌금할 때 그 돈이 하늘나라의 재산이라고 믿는다. 9. 자연의 아름다움에 감탄하여 탄성하며 즐거움을 느낀다. 10. 죽음에 대해, 자기 생애에 대해 자신감이 있다.

구제는 우리의 사랑이 증명되는 증거다. 하나님은 많이 모으는 사람보다 많이 베푸는 사람을 더 귀하게 보신다. 구제로 우리의 창고를 비울 때, 하나님은 또한 우리의 창고를 풍부하게 채우신다. 구제를 많이 할수록 하나님은 우리가 더 구제할 수 있도록 채워 주신다. 오늘은 구제의 은사에 대해 알아보자.

1. 구제는 심는 것이다

구제는 씨를 뿌리는 것과 같다. 뿌릴 때는 아깝지만 뿌려야지 더 많은 것을 거둘 수 있다. 성경은 말씀한다. "그가 재물을 흩어 빈궁한 자들에게 주었으니 그의 의가 영구히 있고 그의 뿔이 영광 중에 들리리로다"(시 112:9). 주는 것이 크면 클수록 하나님은 더 큰 부요함을 주신다. 하나님은 자신만을 위해 재물을 쌓지 않는 자에게, 자신의 재물로 나누기를 원하는 자에게 보다 풍성한 재물을 허락하신다.

다음을 읽어 보자.

☞ 잠 11:24(p.921)

....

....

....

2. 이것은 하나님께 영광을 드리게 한다

구제는 하나님께 영광을 돌리는 일이다. 하나님은 우리의 복종을 통해 영광을 받으신다. 왕은 자신의 신하나 백성들이 절대적으로 순종할 때 영광을 받는다. 마찬가지로 우리가 그리스도의 복음에 순종할 때 하나님은 이 땅의 사람들에게 영광을 받으시게 된다. 우리는 구제의 헌신을 통해 하나님께 영광을 돌려야 한다. 사람들은 우리에게 하나님을 보여 달라고 요청한다. 우리가 그들에게 하나님의 영광을 보여줄 수 있는 방법 중에 하나는 모두가 소중하게 생각하는 재물로 다른 사람을 위해 사용하는 것이다.

다음을 읽어 보자.

☞ 눅 12:33(p.115)

....

....

....

3. 구제의 은사는 주님의 사랑이 성도 간에 흐르게 한다

구제를 통해 주님의 사랑이 전해진다. 우리의 재물은 영원하지 않지만 이 재물로 다른 사람을 도운 행위는 영원한 것이 된다. 즉 하나님 앞에서 영원한 상급이 된다는 의미다. 내가 주님의 사랑으로 나눈 것은 진정 나의 소유가 된다. 구제를 통해 주님을 향한 사랑이 확인된다. 주님은 지극히 작은 자에게 한 것이 나에게 한 것이라고 말씀하셨다. 구제는 하나님이 기뻐하시는 일을 하는 것이요, 나의 보화를 하늘에 쌓는 것이다. 또한 구제는 하나님의 돌보심을 체험하는 것이다.

다음을 읽어 보자.

☞ 행 10:31(p.205)

....

....

나눔의 시간

1. 오늘의 말씀을 통해서 느낀 점을 말해 보자.
2. 구제한 후 더 많이 받은 경험이 있다면 나누어 보자.

제18과

성령의 사역

- 본문 / 시 51:1~13(p.838)
- 찬송 / 183(통 172), 184(통 173)

◈

할렐루야! 전도합시다!

세계에서 가장 높다는 히말라야 산맥의 에베레스트 산은 수많은 산악인들이 등정을 시도한다. 이들은 현지에 사는 사람들과 함께 오르게 된다. 현지인들은 그곳에서 태어나 자랐기에 신체적으로 산을 오르는 데 탁월하다. 그들을 가리켜서 셰르파(Sherpa)라고 하는데, 그들 중에는 에베레스트 산 정상을 몇 번이고 올라갔다 내려온 사람들이 많다. 그들은 산악인들이 정상을 잘 올라가도록 돕는 역할을 담당한다. 이러한 셰르파들의 도움으로 인해 산악인들이 단독으로 등정할 수가 있다. 성령이 하는 사역을 한 마디로 말한다면 우리가 믿음이라는 큰 산을 정복하도록 돕는 것이다.

성령 하나님은 하나님과 동등하신 분으로 지금 모든 그리스도인들과 함께 일하고 계신다. 성령님은 우리가 믿음 안에서 확신을 갖게 하시고 거듭나게 하시며, 자신의 것으로 인쳐 주신다. 또 우리의 연약함을 도와주시고, 우리의 육적 행실을 제어하셔서 성결케 하신다. 본문을 통해 죄를 범한 다윗에게 성령의 역사가 어떻게 나타났는지 알아보자.

1. 성령은 죄를 고백하게 하신다(1-6절)

나단의 책망을 들은 다윗은 자신이 '주의 목전에서 악을 행했다'고 고백하였다. 하나님의 크신 은혜를 받고 왕위에 올랐으나 하나님 앞에서 범죄한 것을 깨닫고 자신이 '죄악 중에 출생'한 자임을 고백한 것이다.

하나님의 은혜는 죄인임을 인정하고 고백한 자에게 임한다. 성령님은 우리에게 오셔서 죄인임을 깨닫게 하시고 죄를 고백하게 하신다. 성령님이 회개하는 다윗의 마음속에 들어가셔서 범한 죄를 고백하게 하셨고 그 자신이 죄성을 가진 연약한 인생임을 깨닫게 하셨다.

다음을 읽어 보자.

☞ 엡 2:22(p.321)

....

....

....

....

2. 죄를 도말해 주신다(7-9절)

다윗은 자신의 죄를 "우슬초로 정결케 하소서"라고 간구하였다. 우슬초는 박하과의 식물로서 구약 시대 당시 문둥병자가 나음을 입었을 때 사용되었다. 또한 제사장이 새의 피를 찍어 7번 뿌림으로 정결케 된 것을 선언할 때(레 14:27), 부정한 식물이나 시체와 접촉한 사람을 깨끗하게 할 때(민 19:18)에 사용되었다. 우슬초의 의미는 자신의 죄를 깨끗이 용서해 주시기를 간구하는 것이다. 다윗은 하나님께 "죄악을 도말하소서"라고 간구하였다. 오직 하나님만이 우리의 죄의 문제를 해결해 주신다. 성령님이 우리 삶에 절대적으로 필요한 이유가 바로 이것이다. 성령님은 우리의 죄를 깨닫게 하시고, 슬프게 하시며, 또한 이 죄를 용서하신다. 우리 죄를 도말하실 수 있다.

다음을 읽어 보자.

☞ 고전 3:16(p.266)

....

....

....

3. 성령님이 우리를 변화시킨다(10-13절)

다윗은 죄 씻음 받은 것에 만족하지 않고 자신의 영혼을 정직한 영으로 채워 달라고 간구하였다. 즉 성령님으로 그를 충만하게 하셔서 새로운 삶으로 인도해 달라는 기도이다. 우리의 근본적인 변화는 성령님을 통해 가능하다. 성령님은 우리를 근본적으로 변화시키신다.

다음을 읽어 보자.

☞ 마 12:31(p.19)

나눔의 시간

1. 오늘의 말씀을 통해서 느낀 점을 말해 보자.
2. 성령님의 인도를 받은 경험을 나누어 보자.

제19과

성령 충만한 삶

- 본문 / 엡 5:15~21(p.315)
- 찬송 / 91(통 91), 88(통 88)

◈

할렐루야! 전도합시다!

무디는 어느 날 설교를 듣는 교인들에게 자기 손에 들고 있는 컵에서 어떻게 공기를 조금도 남기지 않고 뺄 수 있는지를 질문했다.

어떤 사람은 "공기 펌프로 빼면 됩니다"라고 대답했다. 그때 무디 는 "그렇게 해 진공이 되면 컵이 깨집니다"라고 웃으며 말했다. 많은 빗나간 대답들이 있은 후 무디는 미소를 지으며 주전자를 들고 컵에 물을 가득 부었다. "자 보세요. 공기는 조금도 남아 있지 않습니다."

공기를 빼려 하듯이 죄를 제거하려는 것은 불가능하며 오직 성령으로 충만히 채워짐으로써 죄를 제거하고 승리의 삶을 살 수 있다.

오늘 본문에 소개되고 있는 성령 충만을 받으라는 권고는 '성령 충만한 상태로 있으라' 는 뜻이 함축되어 있다. 성령님이 모든 신자와 함께 하시지만 성도의 삶에 따라 성령님은 근심하기도 하신다. 오늘은 성령 충만을 지속적으로 유지하는 삶은 무엇인지 알아보자.

1. 항상 찬송이 있는 삶이다

에베소서는 "시와 찬송과 신령한 노래들로 서로 화답하며 너희의 마음으로 주께 노래하며 찬송하며"라고 말씀했다. 찬송의 생활로 서로 화답하는 것이 성령 충만한 삶이다. 우리는 찬송 가운데 은혜를 받게 될 뿐 아니라 그 찬송을 듣는 사람까지도 은혜 받게 한다. 실망되고 낙심될 수밖에 없는 상황 속에서도 우리는 찬송으로 성령의 위로와 새 힘을 얻게 된다. 바울과 실라가 감옥에서 찬송할 때 능력이 위로부터 임했듯이 우리도 어려움 가운데 찬송할 때 성령님의 은혜와 능력이 임하게 될 것이다.

다음을 읽어 보자.

☞ 엡 5:18(p.315)

....

....

....

2. 항상 감사하는 삶이다

본문 말씀에 범사에 감사하라고 한 것은 기쁠 때나 슬플 때, 순탄

할 때나 어려울 때도 항상 감사하라는 의미이다. 왜냐하면 우리의 불평과 짜증을 통해 마귀의 올무에 빠질 수 있기 때문이다. 감사는 하나님을 영화롭게 한다. 따라서 하나님은 감사하는 자에게 기적을 베푸신다. 우리는 항상 범사에 감사함으로써 성령 충만함을 유지하게 된다.

다음을 읽어 보자.

☞ 엡 5:19(p.315)

....

....

....

3. 피차 복종하는 삶이다

피차 복종하는 것은 인간관계의 측면이다. 성령님과 좋은 관계를 유지하려면 다른 사람들과 가능한 좋은 관계를 유지할 수 있어야 한다. 여기서 복종하라는 것은 사랑을 가지고 서로 아끼고 존중하며 섬김으로 살라는 의미다. 많은 경우 성도 간에 불편한 마음이 들게 되면 시험에 빠지기 쉽다. 부부 사이에도 미움이 가득하면 성령님의 임재가 약해지거나 소멸하게 된다. 남편은 아내 사랑하기를 그리스도께서 교회를 사랑하시는 것처럼 아내는 남편을 섬기기를 그리스도께 복종하듯 하라고 했다.

즉 성령 충만의 비결은 바로 주위에 있는 사람들에게 주님께 하듯 피차 복종하는 생활이다. 오늘 성령의 충만하심을 받는 구역이 되도록 기도하자.

다음을 읽어 보자.

☞ 요일 4:2-9(p.392)

나눔의 시간

1. 오늘의 말씀을 통해서 느낀 점을 말해 보자.
2. 성령 충만한 삶을 살기 위해 할 일이 있다면 나누어 보자.

제20과

예언의 은사

- 본문 / 고전 12:27~31(p.278)
- 찬송 / 287(통 205), 284(통 206)

◈

할렐루야! 전도합시다!

조지 워싱턴 커버라고 하는 땅콩 박사가 있다. 땅콩 하나를 가지고 300개의 제품을 만들어 냈다. 그의 부모는 흑인 노예였다. 그도 흑인 노예다. 그러나 그의 부모님은 그에게 "너는 미국의 초대 대통령 조지 워싱턴처럼 되어라. 아니, 그를 능가하는 사람이 되어라. 하나님이 너를 그렇게 만들어 주실 것이다"라고 말씀해 주시며, 하나님이 주시는 은사를 가르쳤다. 후에 그는 땅콩 박사가 되었다. 노예 신분을 뛰어넘어 그는 위대한 하나님의 사람이 된 것이다. 우리의 재능이 작아도 하나님이 주시는 은사를 찾고 그 일을 주의 영광을 위해 사용할 때 하나님은 우리를 높여 주시고 즐겁게 해 주실 것이다.

예언의 은사는 초대교회뿐만 아니라 지금도 교회 성장에 중요하다. 그러나 성경의 예언이 반드시 미래 일을 맞히는 것을 가리키는 것은 아니다. 신구약 성경에서 예언의 개념은 예고라는 개념보다는 하나님의 말씀을 대언한다는 개념이 더 강하다.

1. 성경과 예언

'예언의 은사'는 그리스도에 대한 메시지를 선포하는 것이며, 성경말씀을 해석하여 성도들이 잘 이해하고 신앙에 오류를 범하지 않도록 하는 것이다. '예언을 멸시치 말라'는 의미는 어떤 사람의 예언 기도를 멸시치 말라는 의미라기보다는 '성경이 모두 하나님의 말씀이요 예언이니 이것을 멸시하지 말라는 것'이다. 예수님은 구약의 모든 예언이 곧 예수 그리스도의 주 되심을 증언하는 것이라고 하셨다. 신약 시대에서도 예수 그리스도를 주로 선포함이 예언이 되었다. 신약의 예언자들도 예수 그리스도를 선포하였으며, 예언의 은사를 행사하는 많은 사람들은 예수 그리스도의 주 되심을 선포하였다.

다음을 읽어 보자.

☞ 요 5:39(p.152)

....

....

....

2. 은사의 목적

"각 사람에게 성령을 나타내심은 유익하게 하려 하심이라"(7절).

여기서 유익이란 교회 공동체의 유익을 말한다. 우리는 각자 남이 갖지 못한 독특한 것들을 갖고 있다. 어떤 성도에게는 재산이 있고 어떤 성도는 기술이 있다. 어떤 성도는 피아노를 잘 연주하고 어떤 성도는 예리한 지성이 있다. 어떤 성도는 성실과 인내가 있다. 어떤 성도는 좋은 화술을 가지고 있다. 이 모든 것을 사용하는데 최종 목표는 공동체의 유익이다. 주님을 위해 사용해야 한다. 그것이 은사의 목적이다.

다음을 읽어 보자.

☞ 롐 7:4(p.1061)

....

....

....

3. 은사의 다양성과 일치

본문에 보면 똑같이 세 번 반복된 단어가 있다. "여러 가지나… 같고… 같으며, 같으니" 은사는 다양하다. 성령님이 각 사람에게 은사들을 적절히 분배해 주셨다. 모든 사람에게 획일적으로 주시지 않고, 다양하게 주셨다. 중요한 것은 은사가 다양하지만 서로 조화되고 일치한다는 점이다. 성도들마다 다양한 직분, 다양한 능력을 받았다. 이 은사들은 서로 협력하고 조화를 이루어야 한다. 교회에서는 모든 사람의 은사가 중요하다. 각자의 은사는 교회에 소중하게 사용될 수 있다. 그러므로 서로 존중해야 된다. 목회자만 교회를 섬기는 사람이 아니다. 모든 성도가 각자의 은사로 교회를 섬기도록 부름을 받았다.

다음을 읽어 보자.

☞ 고전 12:31(p.279)

나눔의 시간

1. 오늘의 말씀을 통해서 느낀 점을 말해 보자.
2. 자신의 은사에 대해 나누어 보자.

제21과

접대의 은사

- 본문 / 마 10:40~42(p.15)
- 찬송 / 214(통 349), 323(통 355)

◈

할렐루야! 전도합시다!

성자 프란시스가 길을 가다가 우연히 나환자를 지나치게 되었다. 나환자를 본 순간 마음에 갈등이 생겼다. 그에게 가서 기도해 주고 싶은 마음과 두려움의 마음이었다. 성령님이 그의 마음을 움직이기 시작하셨다. 그는 기도했다. "주님, 제가 나환자를 그냥 지나쳤는데 그것이 잘못입니까?" 그러자 주님은 "네가 왜 그를 그냥 지나쳤느냐?"라고 물으셨다. "그가 너무 더럽게 느껴졌습니다."

그때 그에게 주님의 음성이 들렸다. "너는 그 나환자보다 나으냐? 너는 이전에 그 나환자보다도 더 더렵혀진 죄인이었다. 그런데 나는 그런 너의 모습을 그대로 받아 주고 사랑했단다." 그는 다시 나환자에게 돌아가 그에게 입맞추고 축복했다.

은사를 가진 사람들은 자신의 은사를 사용할 때 겸손해야 한다. 겸손한 마음으로 은사를 베풀어야 상대방도 유익하고 나도 은혜가 된다. 이것이 예수님의 제자가 따라가야 할 모범이다. 오늘은 접대의 은사가 무엇이며 어떤 상급이 있는지 알아보자.

1. 접대의 은사란?

성경은 "성도들의 쓸 것을 공급하며 손 대접하기를 힘쓰라"(롬 12:13)고 말씀한다. 이 '대접'이란 영어 단어는 숙박시설이 미비하고, 병원이 없던 시절에 여행하는 사람들을 돌보는 일에서 유래하였다. 빌립보 지역에서 처음 예수님을 영접한 루디아는 접대의 은사를 가지고 있었다. 그래서 사도 바울을 만나자 "만일 나를 주 믿는 자로 알거든 내 집에 들어와 유하라"(행 16:11)라고 강권하며 그를 머물게 하였던 것이다. 루디아는 바울을 자신의 집에 머물게 하여 최선을 다해 대접했다. 이와는 반대로 성경에는 접대를 할 줄 몰라 책망받은 사람도 있다. 이 사람이 디오드레베이다. 그에 대해 성경은 "형제들을 맞아들이지도 아니하고 맞아들이고자 하는 자를 금하여 교회에서 내쫓는도다"(요삼 1:10)라고 말씀하였다.

다음을 읽어 보자.

☞ 마 7:12(p.10)

....

....

....

....

2. 접대의 은사와 축복

접대에 대해 예수님은 놀라운 진리를 말씀하셨다. "너희를 영접하는 자는 나를 영접하는 것이요 나를 영접하는 자는 나를 보내신 이를 영접하는 것이니라 선지자의 이름으로 선지자를 영접하는 자는 선지자의 상을 받을 것이요 의인의 이름으로 의인을 영접하는 자는 의인의 상을 받을 것이요 또 누구든지 제자의 이름으로 이 작은 자 중 하나에게 냉수 한 그릇이라도 주는 자는 내가 진실로 너희에게 이르노니 그 사람이 결단코 상을 잃지 아니하리라 하시니라"(마 10:40-42).

주님은 예수의 이름으로 접대하는 자들에게 결단코 상을 잃지 아니하리라고 약속하였다. 예수님은 나그네를 대접하는 것이 곧 자신을 대접하는 것이라고 말씀하셨다. 심판의 날, 주님은 오른편의 의인을 향해 "내가 주릴 때에 너희가 먹을 것을 주었고 목마를 때에 마시게 하였고 나그네 되었을 때에 영접하였고"(마 25:35)라고 하셨다. 이때 의인들은 "어느 때에 나그네 되신 것을 보고 영접하였으며 헐벗으신 것을 보고 옷 입혔나이까"(마 25:38)라고 묻자 "지극히 작은 자 하나에게 한 것이 곧 내게 한 것이니라"(마 25:40)라고 말씀하셨다. 주님은 지극히 작은 자, 즉 사회에서 소외된 사람들, 의지할 곳이 없는 노인들, 고아들, 과부된 사람들을 대접하고 돕는 것이 곧 자신을 대접하는 것이라고 평가하신다. 손님을 대접하는 것을 잊지 말고 이런 은사를 충분히 발휘해야 한다. 어려운 이웃과 형제를 도와주는 것은 주님을 대접하는 것이며 주님은 이렇게 행하는 자에게 상을 주신다.

다음을 읽어 보자.

☞ 히 13:2(p.368)

나눔의 시간

1. 오늘의 말씀을 통해서 느낀 점을 말해 보자.
2. 자신의 은사에 대해 나누어 보자.

제22과

고난의 유익

- 본문 / 시 119:65~72(p.891)
- 찬송 / 435(통 492), 438(통 495)

◈

할렐루야! 전도합시다!

○ 네가 십자가를 지면 십자가가 너를 진다. 그러나 십자가를 피하면 더 무거운 십자가가 네게 온다. – 토마스 아켐피스

○ 하나님의 주권을 참되다고 인정하는 자는 고난 중에 불평하지 않을 뿐 아니라 그를 찬송하며 감사한다. – 행스텐베르크

○ 우리에게 임한 환난은 집에 비가 새는 것과 같다. 비가 새기 전에는 지붕 어디에 구멍이 있는지 알 수 없다. 이처럼 우리는 환난을 받아 봐야 약점을 발견하고 고칠 수 있다. – 와스톤

○ 우리가 실패한다면 그리스도도 우리와 함께 실패하신다. 하지만 그리스도는 언제나 승리하신다. – 루터

세상 사람들은 모두 고난당하는 것을 원하지 않고 싫어하지만 시편 기자는 유익하다고 말한다. 고난이 우리에게 어떤 유익을 주는지 알아보자.

1. 고난은 죄로부터 우리를 지킨다

67절은 "고난 당하기 전에는 내가 그릇 행하였더니 이제는 주의 말씀을 지키나이다"라고 말씀한다. 본능적으로 인간은 육신의 낙을 추구한다. 이런 욕구를 따라가다 보면 영적인 생활을 등지게 되고 육의 욕구대로 살게 된다. 우리에게 다가오는 고난은 우리가 육신대로 살아가는 것을 막아 준다. 하나님은 고난의 채찍을 통해 영적인 정신을 새롭게 하신다. 바울은 "여러 계시를 받은 것이 지극히 크므로 너무 자만하지 않게 하시려고 내 육체에 가시 곧 사탄의 사자를 주셨으니 이는 나를 쳐서 너무 자만하지 않게 하려 하심이라"(고후 12:7)라고 고백했다.

다음을 읽어 보자.

☞ 롬 8:5~6(p.249)

....

....

....

2. 고난 중에 기도하게 된다(81-88절)

자신의 잘못으로 벌을 받는다면 당연히 감수해야 하겠지만, 애매히 받는 고통은 견디기 어렵다. 하지만 애매한 고난 중에 성도는 기도하게 된다. "나를 도우소서." 시편 기자는 고난 가운데 주의 말씀을 바란다고 고백한다. 고난 중에 우리는 주님께 도움을 간절히 바란다. 고난은 우리로 주님을 의지하게 하고 기도하게 만드는 위대한 스승이다. 우리가 부르는 찬송가 중에 많은 위대한 곡은 고난의 정점에서 만들어졌다. 세상적인 평안함 가운데 결코 이런 곡을 만들 수 없다. 고난이 이것을 가능하게 했다.

다음을 읽어 보자.

☞ 벧전 4:1(p.380)

....

....

....

3. 고난으로 인해 하나님과 더 가까워진다

인생은 본능적으로 이 세상의 화려함을 좇아가게 된다. 세상의 부귀와 영광을 가까이 하려 한다. 죄 가운데 태어난 자연인은 하나님께 가까이 나가기를 원하기 보다는 세상의 재미와 세상의 영광에 가까이 가기를 소원한다. 그러나 하나님은 당신의 자녀인 성도들과 가까이 하시기를, 우리가 하나님께 나오기를 원하신다. 우리가 하나님을 멀리하고 세상으로 가려고 할 때 우리를 붙들어 주신다. 때때로 고난은 우리가 하나님께 가까이 가는 역할을 한다. 우리는 환난을 만났을 때 주님께 가까이 나아가야 한다. 그리고 주님의 은혜의 품에 안겨야 한다. 이 세상을 살아가는 동안 환난의 바람은 주님께 더욱 가까이 가는 기회가 된다. 이렇게 되면 고난이 우리에게 유익이라고 할 수 있다.

다음을 읽어 보자.

☞ 마 3:12(p.3)

나눔의 시간

1. 오늘의 말씀을 통해서 느낀 점을 말해 보자.
2. 고난을 이김으로 유익을 얻게 된 경험을 나누어 보자.

제23과

낙심에 대한 승리

- 본문 / 갈 6:9(p.309)
- 찬송 / 423(통 213), 270(통 214)

◈

할렐루야! 전도합시다!

마지막 관문은 인내력 시험

어느 회사에서 사원을 모집했다. 마지막 시험을 치루기 위해 10시까지 회사 건물로 오라는 편지가 왔다. 그런데 오후 3시가 지나도록 책임자가 나타나지 않았다. 점점 시간이 지나갈수록 불평이 심해지더니 마침내 화를 내며 거의 다 가버렸다. 그러나 몇 사람은 불평하지 않고 무슨 대책이 있겠지 하고 끝까지 참고 기다렸다. 오후 6시가 되어서야 사장이 직접 나타났다. 사장은 말했다. "저의 회사의 마지막 시험은 인내력 시험이었습니다." 끝까지 기다린 사람은 그 회사에서 전원 채용되었다.

믿음생활에 있어서 큰 어려움 중 하나가 낙심이다. 믿다가도 삶에서 일어나는 여러 일들이 우리를 낙심시켜 믿음에서 떠나게 한다. 우리를 찾아오는 낙심을 알고 이를 말씀으로 물리칠 수 있어야 한다.

1. 악인이 잘되는 것을 보고 낙망치 말아야 한다

성도는 예수님을 믿고 바르게 살려고 하는데 계속된 고난을 경험하면 낙심하게 된다. 더욱 힘든 것은 거짓과 권모술수와 악한 짓을 하는 사람이 돈 잘 벌고 번창하고 잘 사는 것을 볼 때이다. 그러나 하나님의 백성들은 이 땅에서 악인들이 형통하고 잘 산다고 낙심하지 말아야 한다. 그 이유는 모든 것을 보시고 알고 계신 하나님이 반드시 심판하시기 때문이다. 역사를 봐도 한 시대에 막강한 권력을 휘둘렀던 사람이 지금은 모두 역사의 무대 뒤로 한줌의 흙으로 돌아가 버렸다. 이들의 힘과 권력은 얼마 가지 못하고 모두 무너졌다. 우리는 이 세상 부와 악인이 형통한 것 때문에 시험에 빠지지 말아야 한다.

다음을 읽어 보자.

☞ 시 93:1~3(p.870)

....

....

....

2. 사람에게서 오는 낙심을 인내로 이겨야 한다

우리가 신앙생활을 하다가 낙심하는 것은 마귀를 보고 놀라서가 아니다. 사람 때문이다. 같이 신앙생활을 하는 성도 때문에 시험에 들어 귀한 믿음생활을 중단하는 경우가 많다. 특별히 가까운 사람에게서 실망하게 될 때 큰 시험이 될 수 있다. 이렇게 낙심을 시킨 사람은 물론 비난받아 마땅하다. 하지만 이것 때문에 낙심하여 신앙을 중단하는 사람은 결과적으로 더 많은 것을 잃게 된다. 예수님을 믿다가 낙심하는 사람 중에는 가까이 지내는 교인들의 잘못과 실수를 보고 낙심하는 경우가 많다. 다른 사람의 연약함 때문에 자신이 천국에 가지 못한다는 것은 어리석은 일이다. 남의 실수 때문에 그 큰 구원을 던져 버리고 영원한 지옥으로 들어 갈 필요가 없다. 교회는 의인들이 모이는 곳이 아니라 죄인들이 들어와 구원받고 변화 받는 곳이다. 교회는 병원과 같은 곳이다. 성도는 지어져 가고 있는 사람들이다. 지상교회는 천상교회와 달리 지어져 가고 있는 교회다. 환자가 들어와 고침을 받는 것이다. 예수님은 내가 의인을 부르러 온 것이 아니라 죄인을 불러 회개케 하러 왔노라고 말씀하셨다.

다음을 읽어 보자.

☞ 히 10:35~39

....

....

....

3. 고난이 계속될 때 낙망치 말아야 한다

성경은 우리에게 욥의 인내를 배우라고 말씀한다. 욥은 하루아침에 재산이 모두 불타거나 도둑맞아 없어졌을 뿐 아니라 그의 10남매도 모두 죽음을 당했다. 또한 몸에 악창이 생겨 말할 수 없는 고통을 당했다. 그러나 친구들은 지은 죄를 빨리 회개하라고 말했다. 욥의 아내는 하나님을 욕하고 죽으라고 하였다. 하지만 욥은 마침내 이 고난의 시기를 통과하고 갑절의 복을 받았다. 욥은 이유를 알 수 없는 고난을 계속 당하였다. 하지만 하나님을 배반하지도, 신앙을 떠나지도 않았다. 그 결과 마침내 고난이 물러가고 전보다 갑절의 축복을 받았다. 우리는 어떤 상황에서도 하나님의 선하심과 인자하심을 믿어야 한다. 우리를 둘러싼 상황은 정반대로 느껴지게 한다. 하지만 우리는 고난의 상황에서도 하나님의 선하심을 믿어야만 한다.

나눔의 시간

1. 오늘의 말씀을 통해서 느낀 점을 말해 보자.
2. 낙심을 극복한 경험을 나누어 보자.

제24과

바울의 고백

- 본문 / 요 16:23~24(p.176)
- 찬송 / 182(통 169), 250(통 182)

◈

할렐루야! 전도합시다!

어느 날 스파르타의 한 장군이 아들에게 칼을 물려주었다. 그런데 그 칼이 좀 짧았다. 아들은 아버지에게 물었다.

"아버지, 칼이 짧아서 싸울 때 질 수밖에 없습니다. 긴 칼을 주시지 왜 짧은 칼을 주셨습니까?"

그러자 아버지가 대답했다.

"칼이 짧으면 한 발 더 나가서 싸워라."

우리도 부흥을 위해 적군과 싸울 때 좀 더 적극적인 자세가 필요하다.

바울은 자신이 순교를 당할 시간이 다가옴을 느끼고 에베소에 있는 디모데에게 편지를 써서 보냈다. 믿음의 아들 디모데에게 보낸 '마지막 말' 이었다. 바울의 편지는 그가 평소에 어떤 자세로 일생을 살았는가를 말해 준다.

1. 나는 선한 싸움을 싸웠다

바울은 "산 자와 죽은 자를 심판하실 분이 예수 그리스도이시다"라는 신념을 가지고 살아왔다. 바울은 인생을 뒤돌아보며 이렇게 고백한다. "나는 선한 싸움을 싸웠다." 그의 싸움은 예수 그리스도 중심으로 살려고 하는 몸부림이었다. 그는 세상과 사탄과 싸워 승리하였다. 산 자와 죽은 자를 심판하실 예수님이 우리에게 가장 크게 기뻐하실 일은 무엇일까? 이 땅에서 믿음의 영적싸움을 중단하지 않는 것이다. 바울은 예수님을 만난 후 그의 생 전체를 다 바쳐 전도인의 일을 하였다. 우리도 영적인 전쟁을 지속해야 한다. 우리는 선한 싸움을 위해 손에 든 검을 놓지 말아야 한다.

다음을 읽어 보자.

☞ 딤후 2:3~4(p.344)

....

....

....

2. 달려갈 길을 마쳤다

처음과 나중 되시는 예수님이 다시 오시는 날이 바로 시간의 끝,

즉 역사의 종말이다. '나타나실 것' 이란 단어는 황제가 어느 지방을 순시할 때 쓰는 말이다. 황제가 나타날 때 신하가 밤늦은 시간까지 최선을 다해 일하고 있는 것을 본다면 황제는 칭찬하고 상을 준다. 그렇지 못하면 책망을 받게 된다. 바울은 디모데에게 언제 주님이 나타나신다 할지라도 맞을 준비가 되어 있어야 한다고 말했다. 바울은 주님이 다시 오신다는 의식을 가지고 산 자신의 인생을 돌아보며 "나는 달려갈 길을 마쳤다"라고 말한다. 각 사람에게 주어진 달려갈 길이 있다. 직장인으로서, 학생으로서, 구역 리더로서, 목사로서, 상인으로서, 농부로서, 교사로서, 남편으로서 아내로서 각자 섬겨야 할 분야가 있다. 직책은 달라도 목표는 같다. 아무리 힘들고 고달파도 하나님의 영광을 위해 자신에게 주어진 길을 끝까지 가야 한다.

다음을 읽어 보자.

☞ 엡 3:13(p.312)

....

....

....

3. 믿음을 지켰다

그는 자신의 믿음을 잘 지켰다고 고백한다. 귀한 것을 잘 지켜야 한다. 보석 상인이 보석을 도난당하지 않도록 지키듯이 우리에게 가장 중요한 믿음을 잘 지켜야 한다. 미식축구 선수가 공을 받으면 상대방 선수에게 빼앗기지 않으려 최선을 다하듯 우리는 우리의 믿음을 원수에게 또는 환경에게 빼앗기지 않도록 최선을 다해야 한다. 하나님의 나라는 예수 그리스도를 나의 주, 나의 하나님으로 고백하는 믿음을 끝까지 지킨 자가 들어가는 나라이다. 당시 로마 황제는 자기 신상을 만들어 놓고 자기를 큐리오스(주)라고 고백하고 숭배하게 했다. 오직 믿음을 지키는 자라야 이때에 "시저가 아니라 그리스도가 나의 주, 나의 하나님입니다"라고 신앙을 고백할 수 있었다. 바울은 이 믿음을 지키기 위해서 자신의 생명을 내어 아끼지 않았다.

다음을 읽어 보자.

☞ 엡 6:10~13(p.316~317)

....

....

....

나눔의 시간

1. 오늘의 말씀을 통해서 느낀 점을 말해 보자.
2. 내가 믿음을 지키기 위해 해야 할 일이 있다면 나누어 보자.

제25과

성숙한 자의 시간 사용

- 본문 / 엡 5:15~21(p.315)
- 찬송 / 357(통 397), 585(통 384)

◈

할렐루야! 전도합시다!

어떤 설교자가 자신의 글에서 미국 사람들이 평균 75년 정도를 산다고 기준할 때 그 75년을 어떻게 사용하는지 설명했다. 그는 사람들이 20년은 잠, 20년은 일, 7년은 노는 것, 6년은 식사, 5년은 텔레비전 시청, 5년은 어떤 옷을 입을 것인가라는 고민과 옷을 사는 쇼핑, 3년은 누군가를 만나고 기다리는 일, 2년 반은 화장실, 2년 반은 잡념과 잡생각, 2년은 커피를 마시는 일, 그리고 1년은 전화 받는 일 등에 75년의 시간을 사용했다고 한다. 그리고 사소하게 들어가는 시간들을 계산하고 나자 실제로 가치 있고 보람되게 보냈다고 말할 수 있는 시간은 2년이나 2일도 아닌 46시간밖에 남지 않았다고 한다.

기독교인에게 시간 사용은 마치 봄에 씨를 뿌리는 것과 같다. 봄에 열심히 씨를 뿌리는 사람은 가을의 추수 때에 보상을 받는다. 배추씨를 뿌린 사람은 배추로, 벼를 심은 사람은 벼로 보상을 받을 것이다. 우리의 현재 시간 사용은 노력이란 씨를 시간 밭에 뿌리는 것이다. 천국에 가면 우리는 각자가 뿌린 씨의 종류에 따라 그 열매를 얻게 될 것이다. 오늘은 영적으로 성숙한 자는 어떻게 시간을 사용하는지 알아보자.

1. 하나님의 뜻이 무엇인지를 깨닫아야 한다(17절)

"성경은 주님의 뜻이 무엇인지 깨달으라"라고 말씀한다. 왜 내게 하나님이 신앙을 주시고 이렇게 큰 은혜를 받게 하셨는가를 생각해 보아야 한다. '하나님이 왜 나를 이 교회로 보내셨는가? 하나님이 나에게 원하시는 뜻이 무엇인가?'를 생각해 보아야 한다. 왜 하나님께서 나를 이곳에 보내셨는지, 왜 이런 환경을 주셨는지를 생각하고 하나님의 뜻이 무엇인지 찾아야 한다.

다음을 읽어 보자.

☞ 마 16:3(p.26)

....

....

....

2. 성령의 인도를 받아야 한다(18절)

시간을 가장 잘 선용할 수 있는 중요한 방법 중 하나는 성령님의 음성에 귀를 기울이고 그분의 말씀에 순종하는 것이다. 성령님은 우리가 보지 못하는 것을, 그리고 우리가 미처 생각하지 못하는 하나님의 깊은 것까지 보실 수 있다. 성령님의 다스림에 우리가 들어간다면 우리는 정말 후회하지 않는 존귀한 삶을 살 것이다. 성령님을 따라가면 실패한 것 같은 시간도 값진 시간이 된다. 우리의 시각으로 보기에 낭비 같지만 나중에 보면 정말 가치 있는 시간임을 알게 된다.

다음을 읽어 보자.

☞ 롬 8:14(p.249)

....

....

....

3. 지금 현재를 중요하게 활용해야 한다

시간은 과거, 현재, 미래로 나눌 수 있다. 하지만 과거는 이미 흘러가 버린 물이다. 이미 지나간 시간은 어떻게 할 수 없다. 그리고 미래는 알 수가 없다. 나에게 가장 중요한 것은 지금이다. 우리가 언제 봉사의 삶을 살아야 하는가? 바로 지금이다. 우리가 언제 하나님을 섬기는 삶을 살아야 하는가? 몇 년 지나서 생활이 안정되고 난 이후가 아니라 지금이다. 언제 자녀와 가족들이 즐거운 시간을 갖기로 결정해야 하는가? 지금이다. 언제 아내와 남편에게 "수고했어요! 당신은 정말 나에게 좋은 사람이에요", "사랑해요"라고 말해야 하는가? 지금이다. 언제 사랑하는 부모님들을 신앙생활 하도록 교회로 초대해야 하는가? 지금이다.

다음을 읽어 보자.

☞ 잠 27:1(p.939)

나눔의 시간

1. 오늘의 말씀을 통해서 느낀 점을 말해 보자.
2. 내가 인생에서 해야 할 가장 중요한 일이 무엇인지 나누어 보자.

제26과

야곱의 영적 신앙 회복

- 본문 / 창 35:1~5(p.54)
- 찬송 / 280(통 338), 279(통 337)

◈

할렐루야! 전도합시다!

거듭난 사람들은 진정한 회개의 의미를 알고 있다. 진정한 회개를 통해 진정한 크리스천이 되기 때문이다. "나는 그렇게 나쁜 사람은 아니다"라고 생각한다면 그는 아직도 진정한 회개에서 멀리 떨어져 있다. 진정으로 회개한 사람은 자신에게 어떤 희망도 없음을 깨닫고 오직 하나님의 은혜로만 살 수 있다고 고백한다. 회개하는 사람은 진정, 겸손한 마음이 생겨 다른 사람의 죄에 대해 쉽게 비난하지 않는다. 물론 회개를 한 후에도 화를 내기도 하지만 이전과 큰 차이가 있다. 이런 사람들은 자신의 연약한 모습을 생각하여 상대를 용서할 마음을 갖는다.

하나님은 야곱으로 하여금 형 에서와 화해하게 함으로써 고향 땅으로 돌아갈 수 있도록 해 주셨다. 그러나 야곱은 세겜에 머물렀다. 궁극적으로 야곱이 하나님의 뜻과는 반대로 자신의 유익을 위해 세겜에 머물렀던 것이다.

1. 영적인 침체에 빠진 야곱

오랫동안 이방 지역에서 살아온 야곱은 하나님과의 관계가 멀어지고 세상적인 풍습에 물들었다. 물질적으로는 풍요함이 있었지만 영적인 부분에서 침체되어 있었다. 세상 풍습에 물들어 영적으로 침체된 야곱 가정도 여러 가지 문제를 드러낸다. 삼촌 집에서 나올 때, 아내인 라헬은 드라빔을 훔쳐 나왔다. 당시 드라빔은 가정을 지키는 우상이었다. 라헬이 이것을 가지고 나온 것은 그만큼 하나님대신 우상을 섬겼다는 말이다. 야곱의 두 아들 역시 신앙으로 자라지 못했다. 누이동생 디나의 원수를 갚는 방법은 잔인했고 비인간적이었다. 그들은 세겜 사람들로 하여금 할례를 받게 하고 그들이 아파할 때 공격하여 모두 죽였다. 야곱은 이것이 하나님의 방법이 아님을 알았기에 주변 족속을 두려워했다. 이런 영적 침체의 상황 속에서 야곱 가정에 영적 회복의 계기가 있었다.

다음을 읽어 보자.

☞ 신 7:5(p.272)

....

....

....

2. 야곱의 영적 부흥

"하나님이 야곱에게 이르시되 일어나 벧엘로 올라가서 거기 거주하며 네가 네 형 에서의 낯을 피하여 도망하던 때에 네게 나타났던 하나님께 거기서 제단을 쌓으라 하신지라." 하나님은 야곱에게 회복의 기회를 주셨다. 그것은 하나님께 제단을 쌓는 것이다. 제단을 쌓는다는 의미는 하나님을 예배한다는 뜻이다. 영적회복은 하나님을 진정으로 예배하므로 시작된다. 하나님을 높일 때에 우리의 믿음이 자라난다. 하나님을 높일 때에 우리의 부흥의 불길이 높이 오른다. 하나님을 예배할 때 우리에게 회복의 역사가 일어난다. 우리가 하나님을 높일 때 하나님은 우리를 높이신다. 야곱이 하나님을 높일 때 주위의 민족들에게 야곱을 두려워하는 마음을 주셨다. 그들은 야곱을 해치지 못했다. 때때로 우리는 문제를 만나면 그 문제만을 바라보다 더 높은 것을 바라보지 못한다. 문제를 해결하는 근본적인 방법은 하나님께 돌아가는 것이다.

다음을 읽어 보자.

☞ 겔 37장(p.1209)

....

....

....

3. 이방 신상을 버림(4절)

야곱은 예배하기 위해 모든 이방 신상을 묻어 버렸다. 이는 이제부터 오직 여호와 하나님만을 섬기겠다는 다짐이다. 하나님께 예배하는 자의 태도이다. 우리가 하나님을 최고로 섬기기 원한다면 우상을 버려야 한다. 우상을 섬기면서 하나님을 섬길 수 없다. 세상을 섬기면서 하나님을 섬길 수는 없다. 야곱은 자신의 잘못이 무엇인지 알았다. 그는 하나님을 섬기기 위해 우상을 버렸다.

다음을 읽어 보자.

☞ 렘 4:14(p.1056)

....

....

....

나눔의 시간

1. 오늘의 말씀을 통해서 느낀 점을 말해 보자.
2. 영적 침체에서 벗어난 경험이 있다면 나누어 보자.

제27과

같은 마음 품기

- 본문 / 빌 4:1~7(p.321)
- 찬송 / 407(통 465), 400(통 463)

◈

할렐루야! 전도합시다!

어느 날 존 웨슬레는 사람들에게 용서에 관해 설교했다. 설교가 끝난 후 그 자리에서 설교를 듣고 있었던 거칠고 난폭하기로 소문난 한 장군이 웨슬레 앞에 나와 말했다. "목사님, 그러나 저는 죽어도 저에게 총부리를 겨눈 사람들을 절대 용서할 수 없습니다." 이때 웨슬레는 그에게 이렇게 말했다. "장군님, 그렇다면 장군님은 앞으로 죽는 순간까지 결코 죄를 짓지 마셔야 합니다."

빌립보 교회는 신약성경에 언급된 여러 교회 중에서도 모범적인 교회 중 하나였다. 그러나 심각한 문제가 하나 있었다. 그것은 성도 간의 깊은 갈등이었다.

1. 교회에서의 갈등(2절)

교회의 여성들 중에 지도급으로 보이는 유오디아와 순두게 사이에 깊은 갈등이 있었다. 그래서 바울은 두 사람에게 "내가 권하노니"라는 단어를 두 번이나 사용하며 강조한다. 이는 두 사람이 똑같이 바울 사도의 권고를 받아들일 필요가 있음을 뜻한다. 유오디아와 순두게라는 두 여인 사이에 문제가 생기게 된 원인이 무엇인지는 알 수 없으나 한 가지 분명한 것은 바울이 강력하게 한마음을 품으라고 명령하고 있다는 사실이다.

하나님은 사람을 똑같이 만들지 않으셨다. 다른 취향이 있고 다른 성격을 가졌다. 이것은 진리의 문제가 아니다. 서로 다른 영역에 있기에 조화를 구해야 한다. 관현악은 각자 소리를 가지고 있다. 하지만 조화를 이룰 때 홀로 결코 만들 수 없는 아름다운 소리를 만들어낸다. 교회는 조화되고 하나 될 때 큰 힘을 발휘한다.

다음을 읽어 보자.

☞ 딛 3:1(p.345)

....

....

....

2. 같은 마음을 품기

다르기 때문에 생기는 갈등을 어떻게 해소할 수 있는가? 사도 바울은 그 조화의 비결을 '주 안에서 같은 마음을 품는 것'이라고 했다. 즉 '주 안에서 같은 것을 생각하라'는 것이다. 모든 성도의 목표는 예수님을 영화롭게 하는 것이다. 이런 마음으로 무장해야 한다. 방법은 다를 수 있지만 목표가 같다면 조화될 수 있다. 자신의 취향이 아닌 궁극적 목표에 초점을 맞춰야 한다. 우리 모두가 그리스도를 생각하며 그리스도에게 초점을 맞출 때 조화될 수 있다.

우리가 서로 똑같은 의견을 가질 수는 없지만 주님께 영광이란 마음으로 하나가 되어야 한다. 교회가 하나가 되어 주님께 초점을 맞춰야 한다. 이와 같을 때 교회가, 구역이 조화를 이루게 된다. 교회는 완전무결한 사람들의 모임이 아니다. 의견의 불일치, 갈등, 부조화가 항상 있을 수 있다. 그러하기에 중요한 것은 이런 갈등이나 문제를 어떻게 하면 극복하고 조화를 이루느냐에 있다.

다음을 읽어 보자.

☞ 벧전 3:6(p.380)

....

....

....

3. 화목하도록 노력해야 한다(5–7절)

그리스도인들은 모든 사람에게 관용해야 한다. 교회에서도 다른 사람의 유익을 먼저 구한다면 화목할 수 있다. 세상에서도 가능하면 모든 사람과 화목할 수 있도록 노력해야 한다. 주께서 가까우시기 때문이다. 예수 그리스도께서 언제 어느 순간에 다시 오실는지 알 수 없기 때문에 그리스도인들은 모든 사람에게 관용을 베풀도록 노력해야 한다. 구역에서 불필요한 것으로 나의 주장을 지나치게 내세우지 않는지 깊이 반성해 보아야 한다. 형제와 화친해야 한다. 마음에 원한을 품지 않도록 해야 한다.

다음을 읽어 보자.

☞ 히 13:17(p.370)

....

....

....

나눔의 시간

1. 오늘의 말씀을 통해서 느낀 점을 말해 보자.
2. 화목을 위해 내가 양보해야 할 것이 무엇인지 나누어 보자.

제28과

돌봄이 있는 구역

- 본문 / 골 1:28(p.325)
- 찬송 / 406(통 464), 401(통 457)

◈

할렐루야! 전도합시다!

어느 날 한 젊은이가 스펄전 목사님을 찾아와 자신의 고민을 말하였다.

"목사님, 저는 교회 생활이 힘듭니다. 다른 사람 때문에 늘 시험받습니다. 목사님, 문제없는 완전한 교회 하나 소개해 주세요."

이때 스펄전 목사님은 빙그레 웃으면서 젊은이에게 말했다.

"자네가 혹시 그런 교회를 찾으면 나에게 꼭 알려주게. 나도 그 교회에 가서 교인이 되고 싶네. 그러나 자네는 그런 교회를 찾거든 절대로 그 교회에 다니지 말게."

"왜요?"

"왜냐하면 자네가 끼는 날부터 그 교회의 완전함이 깨질 거야. 바로 자네 때문에 말이야."

구역이 교회 성장을 위해 할 수 있는 중요한 일 중 하나가 한 영혼 한 영혼을 귀하게 여기며 돌보는 것이다. 구역원들이 영혼들을 위해 감당해야 할 일이 돌봄이다. 그러면 내 주위의 성도들 또는 구역원들을 돌본다는 것은 구체적으로 무엇을 의미하는가? 오늘 본문이 중요한 개념을 말씀한다.

1. 돌봄의 목표

돌봄의 최종 목표는 성도 한 사람 한 사람을 '그리스도 안에서 완전한 자로 세우는 것' 이다. 즉 하나님의 선하시고 온전하며 기뻐하신 뜻을 분별하여 자신의 삶을 하나님께 제물로 드리며, 또 다른 제자를 만들 수 있는 자가 되게 하는 것이다. 오늘 처음 예수 믿고 등록한 교우라 할지라도 완전한 자로 세움을 돌봄의 목표로 삼아야 할 것이다.

2. 돌봄은 권하는 것이다

'권하고' 는 '믿음생활을 잘하기 위해 구체적으로 어떤 지침을 주는 것' 을 의미한다. 구체적으로 삶에서 적용할 만한 성경적 가르침을 뜻한다. 성도를 양육함은 이렇듯 실제적인 성경적 교훈으로 믿음과 행동에 영향을 미칠 수 있도록 '권하는 것' 이다. 구역장은 구역원들에게 이런 신앙지침을 줄 수 있다. 올해 몇 장의 성경을 읽을 것인지 지침을 주는 것을 그 예로 이해할 수 있다.

다음을 읽어 보자.

☞ 히 10:24(p.363)

....

....

....

3. 돌봄은 가르치는 것이다

'권하는 것'이 사적이라면, '가르치는 것'은 공적이라 할 수 있다. 가르침은 '모든 지혜'로 그리고 사랑과 겸손함으로 가르쳐야 한다. 자신이 양육하는 성도가 빨리 성장하기를 바라는 마음이야 누구라도 동일하겠지만 때론 성장이 더딜지라도 겸손하게 인내함이 필요하다. 겸손함은 가르치는 자의 중요한 자세다. 교회에 먼저 출석하여 신앙생활을 오래한 성도는 새로 들어온 성도를 나이나 학식이나 경험으로 누르려고 해서는 안 된다. 내적 교만은 참 돌봄을 저해한다.

다음을 읽어 보자.

☞ 빌 2:4(p.319)

....

....

....

4. 돌봄은 세우는 것이다

바울이 마지막으로 제시하는 단어는 '세움'이다. 이 세운다는 의미는 배움의 자리에서, 봉사와 섬김의 자리로 나아가는 것을 뜻한다. 세움은 가르침에서 끝나지 않고 그 사람이 그 자리에서 최종적인 섬김의 자리까지 나아가도록 하는 것이다. 기독교 교육의 정점은 섬기는 자로 만듦에 있다. 교육받는 그 자체가 교육의 마지막 완성이 아니다. 그렇기 때문에 가르치는 자의 책임을 봉사가 아니라 사람들을 세워 그들로 서로 봉사하도록 하는 것에 두어야 한다. 그것은 가르치는 자의 사명이 성도로 하여금 그리스도의 몸을 세워 가도록 하는 것이기 때문이다.

다음을 읽어 보자.

☞ 엡 4:11~12(p.313)

....

....

....

나눔의 시간

1. 오늘의 말씀을 통해서 느낀 점을 말해 보자.
2. 내가 돌보아야 할 사람이 있다면 누구인지 나누어 보자.

제29과

성도의 관계

- 본문 / 벧전 3:8-12(p.380)
- 찬송 / 540(통 219), 423(통 213)

◈

할렐루야! 전도합시다!

하나님 안에서 용서의 능력을 체험하면, 병원에 있는 많은 환자들이 치유를 경험할 수 있게 된다. 암의 종류만 250가지로, 손톱, 발톱, 머리카락 외에는 모두 암에 걸릴 확률이 있다. 암의 발병 원인으로는 유전적, 환경적 요인 등을 꼽을 수 있겠지만 그중 심적 요인, 즉 스트레스와 미움을 가장 큰 요인으로 보기도 한다. 사람에게는 보통 하루에 3백 개의 암세포가 생긴다고 한다. 하지만 평안과 기쁨으로 사는 자는 그 암을 이길 수 있다고 한다. 반면 한과 분노로 산다면 그 응어리가 암세포로 만든다고 한다. 그렇기 때문에 주님의 용서와 위로를 바라보며 주님의 말씀에 따라 원수도 사랑하고 용서하는 마음을 갖는 것이 큰 축복이라 할 수 있다. 사람은 용서받을 때와 용서할 때 치유를 경험한다. 나에게 필요한 것이 사랑과 용서의 능력이다.

그리스도인이 되었다는 사실은 다른 사람과 관계를 맺는데 새로운 관점을 갖게 되었음을 의미한다. 오늘 말씀으로 우리는 그리스도인이 어떻게 관계를 맺어야 하는지 알게 된다. 관계에 있어 어떤 삶을 살아야 하는지 발견할 수 있다.

1. 다른 사람을 체휼한다

'체휼'(體恤)은 불쌍히 여기는 것을 의미한다. 그리스도 밖에 있었을 때 우리는 하나님의 긍휼을 입지 못하였다. 그러나 우리는 하나님의 은혜로 불쌍히 여김을 받아 하나님의 자녀가 되었으며 하나님 나라의 유업을 얻게 되었다. 우리는 하나님께 받은 사랑을 기억하며 다른 이들을 불쌍히 여기며 살아야 한다. 우리가 다른 이들을 불쌍히 여길 수 있어야 하나님께 불쌍히 여김을 받을 수 있다. 주위에서 용서하지 못한 얼굴이 떠오른다면 지금 하나님께 용서를 구하자. 우리는 받은 은혜와 같이 다른 이들을 불쌍히 여기는 삶을 살아야 할 것이다.

다음을 읽어 보자.

☞ 엡 2:1~2(p.310)

....

....

....

2. 도리어 복을 빌라(9절)

"악을 악으로, 욕을 욕으로 갚지 말고 도리어 복을 빌라 이를 위하여 너희가 부르심을 받았으니 이는 복을 이어받게 하려 하심이라." 기독교인이 세상 사람과 다른 점은 바로 악으로 보복하지 않는다는 사실이다. 누가복음 6:28에 "너희를 저주하는 자를 위하여 축복하며 너희를 모욕하는 자를 위하여 기도하라"고 명령하였다. 사도 바울도 로마서 12:14에 "너희를 박해하는 자를 축복하라 축복하고 저주하지 말라"고 하였는데 이는 예수님의 말씀을 철저히 실천한 바울의 고백이요, 예수님 말씀의 대언이다. 우리는 나 같은 죄인을 용서하시고 받아 주신 예수 그리스도를 깊이 생각하고 원수에게도 복을 빌 수 있어야 한다. 우리 힘으로는 용서하고 복을 빈다는 것이 힘들지만 성령님을 의지하면 가능하다.

다음을 읽어 보자.

☞ 마 5:39(p.7)

………………………………………………………………………

………………………………………………………………………

………………………………………………………………………

3. 용납할 때 기도의 문이 닫히지 않는다(12절)

12절에서 주의 얼굴은 죄인에 대해서는 진노의 모습으로, 주의 눈과 귀는 의인에 대해서는 사랑의 모습으로 나타난다. 하나님은 하나님이 용서한 백성이 다른 사람을 용서할 수 있을 때 더 큰 사랑을 부어 주신다. 우리가 하나님의 말씀대로 용서를 선택할 때 하나님은 우리와 지속적인 깊은 관계를 유지해 주신다. 용서하지 못하는 마음과 미움이 내 마음에 자리를 잡게 한다면 이는 하나님과의 관계를 저해하는 쓴 뿌리가 된다. 그러므로 부르심을 입은 성도는 형제를 사랑하며 불쌍히 여겨야 한다. 용서는 다른 사람을 위해서라기보다는 자신을 위한 것이다.

다음을 읽어 보자.

☞ 롬 12:17(p.257)

....

....

....

나눔의 시간

1. 오늘의 말씀을 통해서 느낀 점을 말해 보자.
2. 내가 용서해야 할 사람을 적고 나누어 보자.

제30과

아버지의 사랑

- 본문 / 눅 15:11~32(p.121)
- 찬송 / 391(통 446), 447(통 448)

◈

할렐루야! 전도합시다!

어느 날 영국인 아버지는 딸에게 자신이 깨달은 평생 잊지 못할 교훈을 전하려고 바다가 한눈에 보이는 높은 바위 꼭대기로 데려갔다.

"얘야, 위를 올려다보아라."

딸은 말대로 푸른 하늘을 올려다보았다.

"예, 보았어요! 아버지"

"이번에는 아래를 내려다보아라."

아버지의 말대로 딸은 하늘이 비치는 바다를 내려다보았다.

"이번엔 저 앞을 내다보아라."

그 앞에는 넓은 바다가 펼쳐져 있었다.

"내 딸아, 이처럼 높고 한없이 깊고 끝없이 넓고 아름다운 것이 하나님의 사랑이다."

본문의 말씀을 통해 우리는 아버지의 사랑이 얼마나 위대한지 깨닫는다. 아버지의 사랑을 깨달은 만큼 하나님을 향한 우리의 사랑도 커진다.

1. 아버지는 떨어진 곳에 있는 아들을 먼저 알아보았다(20절)

"아직도 거리가 먼데." 이 말의 의미는 '그가 아직 멀리서 머뭇거리고 있는 동안에' 란 뜻이다. 탕자가 비록 아버지를 거역하고 멀리 떠났지만 아버지는 동네 입구까지 나아가 매일 아들이 돌아오기를 기다렸다. 아버지는 이날뿐 아니라 매일 기다렸다. 아버지는 가장 잘 볼 수 있는 곳에서 아들이 돌아올 것을 기대하며 살펴보았다. 이와 같이 하나님은 위대하신 사랑으로 하나님을 배신하고 떠난 우리들이 돌아오기를 간절히 기다리신다.

다음을 읽어 보자.

☞ 사 49:15(p.1029)

2. 회개의 말을 듣기도 전에 아버지는 아들을 불쌍히 여겼다(20절)

아버지는 아들이 어떤 회개의 말을 하기도 전에 먼저 불쌍히 여겨 달려갔다. 아버지는 힘들고 지친 모습으로 돌아오는 아들의 모습에 측은한 마음을 가졌다. 여기서 '측은히 여기다' 는 도와주지 않으면 마음이 아파 견딜 수 없게 된 상태를 의미한다. 하나님은 우리를 측은히 여겨 주신다. 우리가 연약한 육체에 싸여 있음을 알고 불쌍히 여겨 주신다.

아버지는 아들을 보고 달려갔다. 고대 동양인의 경우 나이든 사람은 급하더라도 달려 나가지 않는 것이 보통이다. 그러나 위대한 사랑 앞에 체면은 한낱 불필요한 어떤 것에 불과하다. 이와 같은 아버지의 행동은 죄인이 하나님께로 돌아올 때 하나님이 얼마나 기뻐하시는지를 깨닫게 한다. 하나님의 사랑은 달려가는 사랑이다.

다음을 읽어 보자.

☞ 딤후 14:33(p.346)

……………………………………………………………………………………

……………………………………………………………………………………

……………………………………………………………………………………

3. 아들을 사랑으로 회복함(22-24절)

"제일 좋은 옷을 내어다가 입히고 손에 가락지를 끼우고 발에 신을 신기라." 제일 좋은 옷은 훈장과도 같다. 고대 근동에서는 큰 영예를 의미한다. 그 당시에는 왕이 공로 많은 신하를 포상할 때 귀중한 옷을 하사했다. 따라서 아버지의 집에서 가장 좋은 옷을 입혔다고 하는 것은 아들의 죄를 용서해 주는 것일 뿐만 아니라 아들로서의 권리를 아버지가 인정하고 이것이 유효하게 되었음을 의미한다.

이제 아버지는 아들의 손에 준비한 가락지를 끼웠다. 가락지는 자신의 권위를 나타내는 인장 반지와 같다. 따라서 이를 아들에게 주었다고 하는 것은 곧 자신의 권한을 아들에게 위임하였음을 의미한다. 우리는 이제 아담이 잃었던 자녀의 권세를 회복하게 되었다. 하나님의 사랑이 이것을 가능하게 했다. 우리를 향한 아버지의 사랑은 항상 우리가 생각하는 그 이상의 크기요, 그 이상의 높이요, 그 이상의 넓이다.

다음을 읽어 보자.

☞ 요 13:35(p.171)

....

....

....

나눔의 시간

1. 오늘의 말씀을 통해서 느낀 점을 말해 보자.
2. 내가 부모님께 받은 사랑을 생각하고 나누어 보자.

제31과

인생의 성공 비결

- 본문 / 수 1:1~9(p.320)
- 찬송 / 310(통 410), 346(통 398)

◈

할렐루야! 전도합시다!

리차드 범브란트(Richard Wurmbrand)라는 목사님이 계셨다. 그는 생명의 위협도 여러 차례 받고 자주 감옥에 갇혔던 분이다. 투옥될 때마다 품속에 간직한 성경을 꺼내 이를 밤낮으로 읽었다. 언제 끌려가 총살당할지 모르는 중에 그의 마음을 사로잡았던 말씀이 있었다.

그것은 "두려워 말라"는 말씀이다.

그는 성경에서 두려워 말라는 단어가 나올 때마다 밑줄을 그었다. 성경을 다 읽고 난 후 그는 깜짝 놀랐다. 그 이유는 밑줄이 정확하게 365개였기 때문이다. 하나님은 우리에게 1년 365일 날마다 두려워 말라고 말씀하신다.

하나님은 평범한 사람을 위대한 사람으로 변화시키는 분이다. 모세가 이제 죽고 이스라엘을 지휘하여 강을 건너 약속의 땅 팔레스타인으로 들어갈 때, 하나님은 무명의 용사인 여호수아를 선택하셨다. 그리고 그를 위대하게 변화시키려고 하셨다.

1. 마음을 강하게 하고 담대히 하라

인생에서 가장 중요한 성공의 비결은 강하고 담대함이다. 우리가 어떻게 강하고 담대하게 살 수 있는가? 비결은 하나님과 함께하는 것이다. 하나님은 인생의 가장 위대한 후원자이시다. 인생이란 위험한 모험에서, 하나님은 가장 완벽한 후원자가 되신다. 위험천만한 새로운 삶이 펼쳐질 때, 여호수아에게는 하나님과 함께함이 가장 중요했다. 하나님은 여호수아에게 이를 명심하게 하셨고 친히 여호수아와 함께하실 것을 약속하심으로써 그의 마음을 강하고 담대하게 하셨다. 전능하시고 전지하신 하나님이 우리와 함께하신다면 그 어떤 것도 두렵지 않다. 하나님의 백성들이 이 땅에서 누릴 수 있는 최고의 특권이 있다면 그것은 하나님과 함께 삶을 누리는 것이다.

다음을 읽어 보자.

☞ 히 10:35(p.364)

....

....

....

....

2. 말씀을 붙들라(7–8절)

8절에 보면 이 말씀으로 우리가 평탄하게 될 것이라고 한다. 이 '평탄'이란 전투 시 적진에 뛰어들어 적을 섬멸하고 성공적으로 일을 완수함을 의미한다. 또한 현재의 자리에서 앞으로 나아감을 의미한다. 즉, 현재보다 나아진 위치 또는 목적지에 가장 빨리 갈 수 있는 순조로운 길을 얻는다는 뜻이다. 우리가 하나님과 함께 할 때 이런 축복이 임한다. 이 세상을 살 때 백의 지혜를 가진 사람과 천의 지혜를 가진 사람 중 어느 사람이 더 성공적이겠는가? 성경에는 하나님의 지혜가 담겨 있다. 이 안에 영적인 성공이 들어 있다는 것이다. 뿐만 아니라 가장 위대한 경제원리가 들어 있기도 하다. 성경에는 위대한 문학도, 세상을 사는 처세술도 들어 있다. 성공의 위대한 원리가 성경에 있는 것이다. 세계에서 정치적 문화적 영향력을 가장 크게 끼치고 있는 민족이 유대인이다. 유대인의 성공비결은 구약성경의 원리에 있다. 구약의 원리로 세상을 살기 때문에 더 빨리 성공하고 더 크게 성장한다. 성도들이 구약뿐 아니라 신약까지 배운다면 더 성공적인 삶을 살 수 있을 것이다. 성경은 단지 정보만 주는 것으로 그치지 않는다. 성경은 정보를 전달하는 것 위에 삶의 변화를 일으킨다.

다음을 읽어 보자.

☞ 롬 12:2(p.256)

....

....

....

....

나눔의 시간

1. 오늘의 말씀을 통해서 느낀 점을 말해 보자.
2. 내가 성경말씀으로 변화된 부분을 나누어 보자.

제32과

가정에서의 남성

- 본문 / 엡 5:22~24(p.315)
- 찬송 / 405(통 458), 401(통 457)

◈

할렐루야! 전도합시다!

말과 사자가 사랑에 빠졌다. 말은 사자의 용맹함과 과묵한 성격이 마음에 들었고, 사자는 말의 자상함과 부지런함에 흠뻑 빠졌다. 결혼 후 말은 최선을 다해 맛있는 풀을 준비해 날마다 사자에게 대접했다. 사자는 싫었지만 참았다. 사자도 최선을 다해서 동물을 잡아 날마다 말에게 대접했다. 말도 피가 흐르는 고기 먹기가 괴로웠지만 참았다. 하지만 참을성에는 한계가 있었다. 둘은 마주 앉아 이야기를 했다. 말과 사자는 다투었다. 마지막으로 서로에게 말하였다.

"난 최선을 다했어."

부부가 싸우게 된 근본적인 원인은 서로 다르다는 사실을 모르거나 인정하지 않는다는 데 있다.

부부라는 제도는 인간이 만든 것이 아니다. 하나님이 직접 디자인 하신 것이다. 이것은 보이지 않는 영적인 세계와 영원한 세계를 나타낸다. 부부관계는 영원한 세상, 즉 천국의 모습을 이 땅에 보여 주신 것이다. 오늘 말씀으로 가정의 특성을 알아보자.

1. 가정은 부부, 즉 남성과 여성으로 이루어진다

성경은 아내와 남편에게 말씀한다. 부부관계는 예수님과 성도들의 관계를 상징적으로 나타낸다. 성도는 주님이 선택한 자들로 주님의 신부들이다. 이것을 교회라고도 말한다. 예수님은 교회를 지켜 주신다. 그리고 인도하신다. 교회를 크신 능력으로 섬기신다. 이에 대해 교회는 주님의 말씀에 순종하며 그 사역을 돕는다. 그리고 뒤에서 지원(support)하고 지지(sustain)한다. 이 둘의 관계는 이익의 관계를 뛰어넘는다. 서로를 먼저 생각한다. 예수님은 이처럼 신부인 교회의 필요에 더 관심을 가지신다. 교회는 자신의 만족과 유익보다 주님의 뜻에 더 관심을 가지며 이를 위해서라면 기꺼이 자신의 삶을 드릴 수 있다. 이런 관계 속에 예수님과 교회는 하나가 된다. 이것이 성경이 말하는 예수님과 교회의 관계로, 이와 동일한 목표를 갖는 것이 남편과 아내이다. 원래 하나님의 디자인을 생각해 보라. 남편은 좀 더 연약한 아내를 보호해야 한다. 남편은 가정을 인도(guide)한다. 반면 아내는 뒤에서 혹 가정 안에서 남편을 돕는다. 부부는 자신의 이익보다 배우자의 유익을 더 생각한다.

다음을 읽어 보자.

☞ 창 2:18~25(p.3)

....

....

....

2. 남성과 여성의 차이점을 알아야 한다

남성과 여성은 육체적 구조와 특성 자체가 다르다. 신체적으로 남성은 강하면서도 충동적이다. 하지만 여성은 약하면서도 지속적이다. 심리적으로 남성은 종합적인 시각을 갖고 있지만 단순하다. 하지만 여성은 예리하면서도 복잡하다. 남성은 결과를 중요시하지만 여성은 과정을 중요시한다. 남성은 이성적 사고가 발달했지만 여성은 감성적 사고가 발달해 있다. 종교성도 차이가 있다. 남성은 종합적이고, 논리적이며 결과적인 데에 은혜를 받지만 여성은 감성적이고 과정적인 데에 은혜를 받는다. 이런 영적 성향의 차이를 잘 알고 부부가 다른 점을 이해한다면 좀 더 풍성한 가정을 만들 수 있을 것이다.

3. 남편은 위로와 격려가 필요하다

남성의 자리를 잘 찾고 지키기 위해서는 여성의 격려와 인정이 필요하다. 본문에는 "아내들이여 자기 남편에게 복종하기를 주께 하듯 하라 이는 남편이 아내의 머리 됨이 그리스도께서 교회의 머리 됨과 같음이니 그가 바로 몸의 구주시니라 그러므로 교회가 그리스도에게 하듯 아내들도 범사에 자기 남편에게 복종할지니라"고

했다(엡 5:22-24). '복종하고 순종하라'는 의미는 하나님이 디자인한 모습대로 존중하라는 것이다. 아내는 사랑을 받아야 살고 남편은 인정과 존경을 받아야 살 수 있다. 아내가 남편의 위치를 인정하고 존중하는 것이 중요하다. 아내는 남편을 하나님이 머리로 세운 줄 알고, 사라가 아브라함을 주라 칭한 것 같이 존중해야 한다. 신부인 교회가 주께 복종해야 하는 것처럼 남편을 순종해야 한다. 아내로서 해야 할 일 가운데 가장 중요한 것 중 하나가 가장으로서 남편으로서 아버지의 자존감을 회복시키는 것이다.

다음을 읽어 보자.

☞ 벧전 3:1~2(p.380)

....

....

....

나눔의 시간

1. 오늘의 말씀을 통해서 느낀 점을 말해 보자.
2. 배우자와 자신과의 차이점을 나누어 보자.

제33과

믿음의 가정

- 본문 / 엡 6:1~4(p.316)
- 찬송 / 91(통 91), 88(통 88)

◈

할렐루야! 전도합시다!

부농의 아들인 이덕봉은 매큐첸 선교사의 도움으로 목회자가 되기 위해 공부를 하게 되었다. 어느 해 여름방학이 되어 집으로 돌아온 이덕봉은 어려서 얻은 무식한 아내가 눈에 거슬렸다. 이를 눈치 챈 아내는 밤낮을 가리지 않고 공부하여 글을 익혔고, 성경도 공부해 진리를 깨달았다. 어느 날 남편이 돌아왔다는 전갈을 듣고 집으로 달려가 보니 이덕봉은 교회로 가고 없었다. 사실은 무식한 아내를 대하기 싫어 교회로 간 것이었다. 이덕봉은 교회 마룻바닥에 앉아 있다가 '기도나 하자' 라고 생각하여 무릎을 꿇었다. 그때 그는 하나님의 음성을 들었다.

"보이는 아내도 사랑하지 못하면서 보이지 않는 나를 사랑하느냐?"

이덕봉은 눈물을 흘리며 회개하였다.

우리의 노력에 따라 가정은 행복을 가져오는 이 땅의 천국이 될 수 있다. 믿음의 가정은 세상의 가정과 다른 가치가 있다. 이것이 무엇인지 알아보자.

1. 믿음의 가정은 하나님을 기쁘시게 하는 것에 가치를 둔다

믿음의 가정이 일반 가정과 다른 점은 하나님을 추구한다는 점이다. 하나님을 기쁘시게 하기 위해 존재하는 것이다. 현대의 많은 가정이 자신의 행복을 가장 큰 목적으로 살아간다. 그러므로 자신의 편안함에 걸림돌이 되면 언제든지 그것을 버릴 수 있다고 생각한다. 개인의 만족과 행복이 우선순위가 되면 결혼이 지속되지 못할 많은 이유가 생긴다. 예쁜 아내를 얻는 것이 결혼의 유일한 목적이었다면 아내가 미모를 잃을 때 결혼은 더 이상 의미가 없다. 경제력만이 결혼의 목적이었다면 남편이 경제능력을 상실할 때 계속 같이 살 이유가 없어지게 된다. 1절 말씀에 "주 안에서"라고 했다. 아주 중요한 말씀이다. 우리의 삶의 우선순위는 하나님이시다. 또한 가정의 우선순위는 나의 행복이 아니라 하나님의 뜻이다. 이 땅에 가정이란 제도를 만들어 주신 하나님의 깊은 섭리가 있다. 하나님 아버지의 사랑을 이 땅의 아버지와 어머니를 통해 알게 하신다. 또한 서로 돕고 협력함 가운데 대표와 책임의 의미를 알게 하신다. 그러므로 믿음의 가정은 하나님의 섭리를 깨달을 수 있어야 한다.

다음을 읽어 보자.

☞ 엡 5:22(p.315)

……………………………………………………………………

……………………………………………………………………

……………………………………………………………………

2. 믿음의 가정은 사랑 위에 세워진다

가정은 명령으로 운영되지 않는다. 철저하게 사랑 위에 세워진다. 부부간에 지켜야 할 사명이 사랑이다. 이 사랑이 여성에게는 존경과 복종의 형태로, 남성에게는 보호와 책임의 형태로 나타난다. 남편은 아내를 사랑하되 그리스도께서 교회를 사랑하셔서 십자가에 피 흘려 죽기까지 사랑하라고 하셨다. 남편과 아내의 관계를 깊이 생각하면 예수님과 성도의 관계를 상징하는 것임을 깨닫는다. 예수님이 교회를 위해 죽으시고 생명을 바치면서 사랑했듯이 남편은 아내를 이렇게 사랑해야 한다. 교회는 남편 되신 예수님을 존경하고 마음을 다해 섬기고 순종하며 지지한다. 이 모든 것이 사랑하는 마음에서 자발적으로 나타나는 것이다.

다음을 읽어 보자.

☞ 엡 5:25(p.316)

……………………………………………………………………

……………………………………………………………………

……………………………………………………………………

3. 믿음의 가정은 바른 양육과 순종이 있다

5절 말씀에 "오직 주의 교양과 훈계로 양육하라"고 하였다. 하나님의 말씀과 기도로 자녀를 양육하라는 것이다. 이것은 자녀에 대한 부모의 책임이요. 의무다. 유대인의 부모는 자녀들을 철저하게 말씀과 기도로 양육한다. 믿음을 다음 세대로 전수하는 데 최선을 다한다. 기도와 말씀으로 자녀를 양육하는 것이 부모의 사명이다. 자녀들은 순종해야 한다. 자녀가 부모에게 해야 할 일이 있다. 그것은 부모에게 순종하고 공경하는 것이다. 성경은 말씀한다. 부모에게 순종하는 것은 결국 자기 자신을 위한 것이다. 효도하는 자녀가 땅에서 잘되고 장수한다는 하나님의 언약이 따르기 때문이다.

다음을 읽어 보자.

☞ 잠 22:6(p.935)

....

....

....

나눔의 시간

1. 오늘의 말씀을 통해서 느낀 점을 말해 보자.
2. 믿음의 가정을 만들기 위해 내가 해야 할 것을 나누어 보자.

제34과

자녀를 축복하는 가정

● 본문 / 창 27:25~29(p.39)

● 찬송 / 447(통 448), 486(통 474)

◈

할렐루야! 전도합시다!

리더스 다이제스트가 '어떻게 하면 슈퍼스타를 키울 수 있나'라는 기사를 실었다.

스포츠, 과학, 예술 부문에서 뛰어나게 이름을 떨친 사람들 120명에 대한 조사를 실시했는데, 그들 대부분의 부모는 보통 부모보다 월등히 많은 사랑과 애정과 관심을 쏟았음을 알 수 있다. 기사는 슈퍼스타를 키우는 비결에 대해 이렇게 요약했다.

"나면서부터 슈퍼스타로 태어나는 것은 아니다. 부모가 어린 시절부터 최선을 다해 정상에 올라가도록 그들을 훈련했으며 승리자의 정신을 불어넣었기 때문이다."

부모는 자녀에게 영적인 우물이 되어야 한다. 지치고 힘든 경쟁 사회에서 살아가야 할 자녀들에게 부모는 오아시스와 같다. 자녀는 이곳에서 미래를 준비하고 하나님의 축복이란 물을 마신다. 자녀들이 함께 있을 때 우리는 자녀를 마음껏 축복해야 한다.

1. 부모는 자녀를 축복해야 한다(25절)

이삭이 야곱을 축복하는 내용이 나온다. "내 마음껏 네게 축복하리라." 하나님이 부모에게 주신 특권은 자녀를 축복하는 것이다. 이삭은 죽기 전에 야곱을 축복하였고, 야곱은 죽기 전에 열두 명의 아들들에게 손을 얹고 축복하였다. 이 축복은 놀랍게도 그 자녀들의 삶에 크게 역사하여 마침내 성취되는 은혜를 체험하게 하였다.

하나님은 우리를 축복하시며, 부모를 통해 자녀를 축복하기를 원하신다. 부모는 일생 동안 자녀들을 축복해야 한다. 구약 시대부터 이어져 내려오는 축복의 전통은 현대 유대인의 가정에도 흐르고 있다. 이들은 자녀를 축복하는 기회를 더 많이 갖는다. 자녀들이 먼 여행을 떠나게 되면, 떠나기 직전에 자녀의 머리에 손을 얹고 축복한다. 결혼할 때도 부모가 자녀를 축복하며, 사업을 시작할 때도, 어릴 때 매일 잠자리에 들기 전에도 축복한다. 우리도 자녀를 예수님의 이름으로 축복하는 습관을 갖자.

다음을 읽어 보자.

☞ 출 34:7(p.135)

....

....

2. 신체적인 접촉으로써 축복한다(27절)

축복할 때 이삭은 야곱에게 자신에게 와 입맞추라고 한다. 신체언어는 때로 음성언어보다 강한 힘을 가지며 오래 기억에 남게 한다. 목회자는 때로 머리에 손을 얹어 기도한다. 가정에서 부모는 영적인 목회자이다. 이렇게 축복할 때 자녀는 영적인 측면에서뿐 아니라 정서적인 측면에서도 큰 유익이 있다. 신체적인 접촉은 여러 가지로 가능하다. 손을 잡거나 껴안으며 축복할 수도 있다. 머리에 손을 얹고 기도할 수도 있고 어린 자녀의 볼이나 이마에 입맞추면서 축복해 줄 수도 있다.

다음을 읽어 보자.

☞ 엡 6:4(p.316)

3. 가치를 높이는 말로써 축복한다(29절)

이삭은 야곱을 축복할 때 축복의 말을 하였다. 자녀에게 가치를 높여주는 말이다. "만민이 너를 섬기고 열국이 네게 굴복하리니 네가 형제들의 주가 되고 네 어머니의 아들들이 네게 굴복하며 너를 저주하는 자는 저주를 받고 너를 축복하는 자는 복을 받기를 원하노라"(29절). 자녀를 말로써 축복할 때 현재의 가치가 아니라 미래의 가치를 바라보고 믿음으로써 축복해야 한다. 자녀의 현재의 모습을 묘사함이 아닌 미래를 믿음으로 축복하는 것이다. 비난의 말은 자녀의 미래에 전혀 도움이 되지 않는다. 오히려 축복의 말을 할 수 있어야 한다. “하나님이 너를 귀하게 사용하실 것이다.” 혹은 “주님의 이름으로 너를 축복한다.” 우리는 기회가 있을 때마다 반복해야 한다. “너는 존귀한 하나님의 사람이 될 것이다”, “너는 믿음의 사람이 될 것이다”라고 자녀를 격려한다면 그 자녀는 하나님의 놀라운 사랑과 은혜 안에서 훌륭하게 성장할 것이다.

다음을 읽어 보자.

☞ 창 28:6(p.41)

....

....

....

나눔의 시간

1. 오늘의 말씀을 통해서 느낀 점을 말해 보자.
2. 어떤 말로 사람을 격려할 수 있는지 나누어 보자.

제35과

행복한 가정

- 본문 / 시 128:1~6(p.897)
- 찬송 / 19(통 44), 40(통 43)

◈

할렐루야! 전도합시다!

영국의 사상가이자 역사와 문필에 능통했던 토마스 카알라일은 신경질이 많았고 학대를 일삼아 그의 아내는 자살까지 생각하게 되었다. 아무리 생각해 봐도 남편이 자신을 사랑하지 않는 것 같았고 살아도 희망이 없어 보였기 때문이다. 그런 생활 중에 마침내 아내가 죽었다. 토마스 카알라일은 아내에게 좋지 않은 남편이었다. 그러나 그는 이렇게 말했다.

"제 아내가 다시 살아난다면 꼭 한마디하고 싶은 이야기가 있습니다. 그것은 제가 아내를 사랑하고 있다는 사실입니다. 하지만 제 아내는 제가 사랑하고 있다는 사실을 전혀 모르고 죽었습니다. 저는 이 말을 이제 영원히 전할 수가 없게 되었습니다."

오늘은 우리가 어떤 가정을 꿈꾸고 세워나가야 할 것인가를 알아보고 은혜를 나누자.

1. 하나님을 경외하는 가정이다(1절)

1절은 "여호와를 경외하며 그의 길을 걷는 자마다 복이 있도다"라고 했으며, 4절에서도 "여호와를 경외하는 자는 이같이 복을 얻으리로다"라고 말씀한다. 하나님을 높이는 가정이 복을 얻는다. 하나님을 경외하는 가정과 개인에게 주시는 하나님의 분명한 약속이다. 이것은 인류 역사가 증명한다. 성경이 증명하고 있다 하나님은 "내가 네게 큰 복을 주고"(창 22:17)라고 약속하셨다. 시편은 "여호와께서 집을 세우지 아니하시면 세우는 자의 수고가 헛되며"(시 127:1)라고 말씀했다. 가정이 하나님을 경외하는 터 위에 세워져야 한다. 이런 가정은 하나님의 도우심이 있다. 하나님은 우리 가정 행복의 기초요, 반석이시다. 하나님이 가정의 복의 근원이심을 분명히 알아야 한다.

다음을 읽어 보자.

☞ 창 49:25(p.80)

....

....

....

2. 수고한 대로 먹는 가정 (2절)

"네가 네 손이 수고한 대로 먹을 것이라 네가 복되고 형통하리로

다.” 프랑스의 유명한 화가 밀레가 그린 만종이 있다. 이 그림에는 밭에서 일하던 부부가 황혼 때에 교회에서 들려오는 종소리를 듣고 함께 머리를 숙여 기도하는 경건한 모습이 있다. 이 작품 속에는 세 가지 신성이 있다. 첫째는 종교의 신성, 둘째는 가정의 신성, 셋째는 노동의 신성이다. 성실하게 일하여 대가를 바라는 가정은 행복하다. 바울은 말한다. “내 사랑하는 형제들아 견실하며 흔들리지 말고 항상 주의 일에 더욱 힘쓰는 자들이 되라 이는 너희 수고가 주 안에서 헛되지 않은 줄 앎이라”(고전 15:58). 우리 가정은 주님을 향한 수고와 이웃을 향한 수고가 있어야 한다.

3. 시온성 같은 가정(5절)

5절에 말씀한다. “여호와께서 시온에서 네게 복을 주실지어다.” 하나님이 복을 주시되 우리 모두에게 시온을 통해서 주신다. 시온의 중요한 개념 중 하나는 하나님의 임재다. 하나님의 임재가 있는 가정이 되어야 한다. 가정예배는 좋은 신앙유산이다. 가정에 예배, 기도, 찬송이 있어야 한다. 부모가 가정예배를 드릴 때 가정에서 영적권위가 세워진다. 예배드릴 때 자녀를 위해 축복하며 기도할 때 영적 제사장의 권위가 실행될 수 있다.

다음을 읽고 고넬료의 가정을 알아보자.

☞ 행 10장(p.203~205)

....

....

....

....

나눔의 시간

1. 오늘의 말씀을 통해서 느낀 점을 말해 보자.
2. 가정예배를 드리는 가정은 경험을 나누어 보자.

제36과

효도하는 가정

- 본문 / 출 20:12(p.113)
- 찬송 / 516(통 265), 502(통 259)

◈

할렐루야! 전도합시다!

어느 날 목사님이 교인의 심방 요청으로 한 가정을 방문하게 되었다. 예배를 드린 뒤 그 이유를 물었다. 남편은 자신이 아내에게 옛날부터 조금씩 신경질적이었는데 이 때문에 집안이 말이 아니라고 했다. 그는 자신의 불행을 한탄하였다. 목사님은 그 남편을 데리고 밖으로 나와 동네를 한 바퀴 돌았다. 그리고는 다른 집을 한 집씩 가리키며 사정을 이야기했다.

"저 집은 불화가 심각하고, 저 집은 가장이 술주정뱅이고, 저 집은 장애를 가진 아들이 있고, 저 집은 파산하기 일보직전입니다. 이 집은 성격이 안 맞아 고민이고 저 집은 남편 친구가 지나치게 많습니다. 집집마다 고민이 없는 가정이 없답니다."

성경은 부모를 공경할 때 그 자신과 하는 모든 일에 축복을 받게 된다고 했다. 오늘은 효도하는 자가 받는 축복을 알아보자.

1. 장수의 축복이다

부모를 공경하는 사람에게는 장수의 축복이 있다. “네게 준 땅에서 네 생명이 길고 복을 누리리라”(신 5:16)고 말씀한다. 오래 산다는 것은 대체로 건강하다는 의미로 이해할 수 있다. 다시 말해 건강의 축복이다. 성경은 말씀한다. “너와 네 후손이 복을 받아 네 하나님 여호와께서 네게 주시는 땅에서 한 없이 오래 살리라”(신 4:40). 장수의 축복은 부모를 공경하는 자에게 덤으로 주시는 축복이다.

다음을 읽어 보자.

☞ 레 19:3(p.175)

....

....

....

2. 잘되는 축복

성경은 “네가 잘되고 땅에서 장수하리라”(엡 6:3)라고 말씀한다. 부모에게 효도를 하면 먼저 정서적으로 평안하다. 부모를 모실 때 영적으로 정서적으로 더욱 성숙하게 된다. 부모는 봉사의 삶이 무엇인지 눈으로 직접 보게 한다. 부모를 통해 하나님이 자녀를 보호한다는 의미를 알게 된다. 연로한 부모를 모실 때에도 교훈을 얻게 된다. 삶이 유한함을 알고 쇠퇴에 대한 엄숙한 훈계를 얻게 된다. 부모는 하나님의 자비의 열매와 약속된 축복의 계보가 된다. 부모는 분명 하나님의 대리권위를 나타낸다. 부모를 멸시하는 것은 궁극적으로 하나님의 권위를 무시하는 것이다.

다음을 읽어 보자.

☞ 신 5:16(p.270)

....

....

....

3. 인도의 축복

범사에 하나님의 주권을 인정해 드리면 하나님은 우리의 길을 지도하시고 좋은 길로 인도하신다. 부모의 존재를 그대로 인정하는 것이 효도다. 여호와를 경외하는 것은 그분의 존재를 인정하고 그분의 이름에 합당한 삶을 사는 것을 말한다(잠 3:6-7). 노인들의 어려움을 상담해 보면 정신적인 소외감을 제일 큰 고통으로 말한다. 사소한 일에도 항상 부모님과 의논하여 결정하며, 늘 함께 대화하는 생활습관을 가져야 한다. 부모의 의견을 존중하고 따르되, 의견이 서로 다를 때에는 부드럽고 간곡하게 자신의 의견을 말씀드려야 한다. 못 배웠으면 못 배운 대로 가난하면 가난한 대로 부모를 인정하고 가치 있게 여기는 마음이 효도하는 마음이다.

다음을 읽어 보자.

☞ 룻 1:16~17(p.403)

....

....

나눔의 시간

1. 오늘의 말씀을 통해서 느낀 점을 말해 보자.
2. 부모님이 나에게 바라는 것을 나누어 보자.

제37과

전도하는 이유

- 본문 / 요 3:16(p.146)
- 찬송 / 510(통 276), 499(통 277)

◈

할렐루야! 전도합시다!

영국의 대부호 케리는 두뇌가 매우 명석한 두 아들 조지와 윌리엄을 큰 자랑으로 여겼다. 자랑스럽게도 이들은 모두 명문 옥스퍼드대학을 졸업했다. 어느 날 케리는 두 아들을 불러 장래 희망을 물었다. 첫째 아들 조지는 아버지의 대를 이어 대부호가 되는 것이라고 답했다. 아버지는 대단히 기뻐했다. 그러나 둘째 아들 윌리엄은 인도 선교사가 되어 영원을 구원하겠다고 말하여 아버지를 실망시켰다. 세월이 흐른 후 조지는 대부호로 정치가로 명성을 얻었고, 윌리엄은 인도 선교사가 되었다. 그 후 대영 백과사전에도 이 두 사람이 수록되었다. 윌리엄에 대해서는 두 면을 할애하여 그가 인도에 가서 얼마나 위대한 일을 했는지 자세히 소개하였다. 하지만 자신의 출세와 영화를 위해 산 조지에 대해서는 '윌리엄 케리의 형'이라는 단 한 줄밖에 쓰여 있지 않았다.

하나님의 소원은 모든 사람이 구원에 이르는 것이다. 이 소원은 모든 믿는 자의 소원이 되어야 한다. 오늘 우리가 전도하는 이유에 대해 알아보자.

1. 하나님이 기뻐하신다

성경은 "죄인 한 사람이 회개하면 하늘에서는 회개할 것 없는 의인 아흔아홉으로 말미암아 기뻐하는 것보다 더하리라"(눅 15:7)고 말씀한다. 예수님은 잃은 양의 비유에서 잃어버린 양 한 마리의 소중함을 깨우쳐 주셨다. 영혼이 주님께로 돌아올 때 하나님은 돌아온 탕자를 끌어안은 아버지 같이 기뻐하신다. 한 영혼이 하나님의 사랑과 구원의 도를 깨닫고 믿음으로 나아올 때 천국에서는 기쁨의 노래가 울려 퍼지고, 하나님은 한 마리 잃은 양을 찾은 목자처럼 기뻐하신다.

다음을 읽어 보자.

☞ 고전 1:21(p.264)

....

....

....

2. 영적 성장의 비결이다

전도는 우리의 영적 성장에 필요한 요소다. 전도는 이러한 영적 성장에 있어서 원동력이 되는데 그것은 말씀이 영의 양식이고 기도가 영적 호흡이라면, 전도는 운동에 해당되기 때문이다. 영적으로 많이 받은 것을 나누어줄 때 더욱 풍성한 하나님의 은혜가 임하게 된다(눅 6:38). 전도를 할 때 우리가 알게 된 모든 것을 적용하는 기회를 갖게 된다. 우리 구역이 전도에 최선을 다하면 결과적으로 구역원 모두 영적 성장을 얻게 된다. 구역원은 인내를 배우며 복음의 확신 가운데 더 큰 성장을 바라보게 될 것이다.

다음을 읽어 보자.

☞ 딤후 4:5(p.345)

....

....

....

3. 사랑의 실천이다

예수님은 우리에게 구약의 모든 계명을 대신할 수 있는 새 계명을 주셨다. 그것은 '서로 사랑하라'는 것이다(요 13:34, 35). 우리가 이웃을 위해 베풀 수 있는 최대의 사랑은 그에게 복음을 전함으로써 영원히 죽을 운명에서 건져 영원한 생명을 얻게 하는 전도이다. 어떤 사람이 물에 빠져 죽어가고 있다고 생각해 보자. 이 사람은 있는 힘을 다해 물에서 빠져나오려 하고 있다. 이런 사람에게 우리가 할 수 있는 최선은 그의 생명을 구하기 위해 행동하는 것이다. 세상 사람들은 죄의 바다에 빠져 가고 있다. 그렇다면 우리는 무엇을 해야 할까?

다음을 읽어 보자.

☞ 고전 2:4(p.264)

....

....

나눔의 시간

1. 오늘의 말씀을 통해서 느낀 점을 말해 보자.
2. 자신의 전도 경험을 나누어 보자.

제38과

파수꾼의 사명

- 본문 / 겔 3:16~21(p.1154)
- 찬송 / 200(통 235), 206(통 238)

◈

할렐루야! 전도합시다!

벨기에 태생의 선교사 다미엔은 나환자들을 위해 살다 결국 자신도 나병에 걸려 죽은 위대한 성직자다.

1873년 그가 나환자 수용소인 몰로카이 섬으로 가게 됐을 때 그곳은 그야말로 생지옥이었다. 매일 수십 명이 죽어 나갔고 환자들은 자포자기에 빠져 살고 있었다. 다미엔은 그런 상황에서 10년을 전도했으나 큰 성과를 얻지 못했다. 어느 날 그의 손에 상처가 생겨 나병이 전염되자 이렇게 기도했다.

"하나님 감사합니다. 이제야 나환자들에게 전도할 자격을 갖게 됐습니다."

이 말씀은 일찍이 에스겔 선지자에게 주신 하나님의 말씀이다. 하나님은 옛날뿐 아니라 지금도 파수꾼을 세우셔서 하나님의 역사를 이루어 가신다. 생명을 책임진 파수꾼인 크리스천들이 어떻게 이러한 중대한 사명을 감당할 수 있겠는가? 본문 17절 말씀 중에서 그 사명을 생각해 보고자 한다.

1. 말씀을 가진 파수꾼

파수꾼은 먼저 하나님의 입에서 나오는 말씀을 들어야 한다. 17절은 "인자야 내가 너를 이스라엘 족속의 파수꾼으로 세웠으니 너는 내 입의 말을 듣고"라고 말씀한다. 에스겔은 두루마리를 먹었다. 이것은 하나님의 말씀을 먹는 것을 의미한다. 식탁에 있는 음식을 먹어야 그것이 우리의 살과 피가 되듯이 하나님의 말씀을 먹어야 내 것이 될 수 있다. 하나님의 말씀은 우리의 생각과 감정과 의지를 사로잡는다. 자기 내면화 작업이라고 할 수 있다. 두루마리를 먹는 행동은 먼저 내가 말씀을 통해 은혜 받는 것을 상징한다. 남에게 말씀을 전하기 위해서는 자신이 먼저 그 말씀을 소화해야 한다. 영적 전쟁에서 싸우는 성도들은 대장되신 예수 그리스도의 명령을 듣고 복창할 뿐 아니라 그 명령대로 살아야 한다. 이것이 파수꾼의 사명을 감당하는 길이다.

다음을 읽어 보자.

☞ 행 4:20(p.193)

....

....

2. 대신하는 파수꾼

'나를 대신하여' 란 파수꾼들이 하나님을 대신하여 그 사명을 감당하는 것이다. 이는 에스겔이 전파할 메시지가 전적으로 하나님께로부터 비롯되었음을 나타낸다. 하나님께 보내심을 받은 참된 선지자라면 그 말씀을 전하지 않고는 견딜 수 없게 된다.

"내가 다시는 여호와를 선포하지 아니하며 그의 이름으로 말하지 아니하리라 하면 나의 마음이 불붙는 것 같아서 골수에 사무치니 답답하여 견딜 수 없나이다"(렘 20:9). 이것이 하나님을 대신하는 자의 심정이다. 또한 영적인 파수군은 하나님을 대신하여 일을 수행한다. 우리나라에 여러 나라의 대사가 주재하고 있듯이 우리는 하나님께 보냄을 받은 파수꾼들이다. 우리는 하나님을 대신하는 자임을 잊어서는 안 된다.

다음을 읽어 보자.

☞ 렘 20:9(p.1082)

3. 깨우치는 파수꾼

"그들을 깨우치라." 파수꾼의 사명은 죄와 죄로 인해 다가오는 하나님의 진노를 깨우쳐야 할 사명이 있다. 시각장애자 한 사람이 길을 걷고 있는데 앞에 깊은 물웅덩이가 있다고 하자. 좀 더 걸어

가면 웅덩이가 있어 죽게 되는 것을 보고도 깨우치지 않으면 그것은 우리 책임이다. 성경도 동일하게 말씀한다.

"가령 내가 악인에게 말하기를 너는 꼭 죽으리라 할 때에 네가 깨우치지 아니하거나 말로 악인에게 일러서 그의 악한 길을 떠나 생명을 구원하게 하지 아니하면 그 악인은 그의 죄악 중에서 죽으려니와 내가 그의 피 값을 네 손에서 찾을 것이고"(겔 3:18).

다음을 읽어 보자

☞ 눅 19:10(p.128)

……………………………………………………………

……………………………………………………………

……………………………………………………………

나눔의 시간

1. 오늘의 말씀을 통해서 느낀 점을 말해 보자.
2. 내가 위험의 나팔을 불어야 할 사람들에 대해 나누어 보자.

제39과

중보기도의 능력

- 본문 / 창 19:29(p.24)
- 찬송 / 180(통 168), 93(통 93)

◈

할렐루야! 전도합시다!

'더치'라는 사람은 생활 중에 갑자기 아버지를 위해 기도해야 한다는 생각이 들었다. 그래서 그는 한 15분 동안 부모님을 위해 기도했다. 그 다음날 아버지에게서 전화가 왔다.

"너의 엄마가 창고에 나갔었단다. 늘 그랬던 것처럼 밀어서 문을 열었는데 느낌이 이상해 잠시 멈춰 아래를 내려다보았더니, 방울뱀 한 마리가 몸을 똘똘 말고 있었지 뭐냐. 네 엄마는 조심스럽게 물러나와 나를 불렀고 내가 가서 뱀을 죽였어."

그는 말했다.

"저는 어제 부모님을 위해 특별히 기도 했어요."

중보기도는 하나님과 다른 사람 사이에서 다른 사람을 위해 기도하는 것을 가리킨다. 즉 다른 사람의 유익을 위한 간구이다. 중보기도가 우리 신앙에 어떤 유익을 주는지 알아보자.

1. 구원의 역사가 일어난다

인간이 할 수 있는 가장 위대한 일은 하나님께 기도드리는 것이다. 아브라함은 소돔과 고모라를 위해 기도했다. 그는 소돔과 고모라를 위해 5번씩이나 하나님께 간절히 기도한다. 그 결과 하나님은 성들을 멸하실 때 롯을 기억해 주셨다. 하나님은 불과 유황으로 소돔과 고모라를 멸망시키실 때에 롯을 살려 주셨다. 이것은 삼촌 아브라함의 기도 때문이다. 이와 같은 기도의 역사는 지금도 계속 일어나고 있다. 기도는 어떤 견고한 적군의 진이라도 파괴할 수 있는 강력한 힘이 있다. 특별히 중보기도는 우리가 전도할 대상을 위해 해야 한다. 사탄이 그 안에서 예수를 믿지 못하도록 생각이나 감정에 방어벽을 치기 때문이다. 이를 깨뜨리는 강력한 무기가 중보기도다.

다음을 읽어 보자.

☞ 딤전 2:1(p.338)

....

....

....

2. 하나님의 살아 계심을 체험한다

야고보서 5:17에 엘리야는 우리와 성정이 같은 사람이었지만 그가 비 오지 않기를 간절히 기도하니 삼 년 육 개월 동안 땅에 비가 오지 않았다고 말씀한다. 많은 사람들은 엘리야의 기도를 통해 하나님의 살아 계심을 체험하였다. 다른 사람을 위해 기도하게 되면 다른 사람은 나의 기도를 통해 큰 유익을 얻지만 나 역시도 이를 통해 믿음이 성장하게 된다. 기도가 응답하는 것을 볼 때 하나님의 살아 계심을 체험하기 때문이다. 다른 기도와 같이 우리는 기도할 때 하나님이 이 세계를 마음대로 움직일 수 있는 유일하신 한 분임을 깨닫게 된다. 우리는 기도의 응답을 체험한 후 하나님을 전적으로 의지하게 된다. 우리는 하나님의 무한한 능력을 다 체험하지 못했다. 하나님은 우리의 경험과 생각보다 더 위대하시다. 이를 체험하기 위해서는 기도를 해야 한다.

다음을 읽어 보자.

☞ 대하 16:9(p.679)

……………………………………………………………………

……………………………………………………………………

……………………………………………………………………

3. 하나님의 보호하심의 역사가 일어난다

예수님은 베드로가 믿음에서 떨어지지 않도록 기도하셨다. "시몬아, 시몬아, 보라 사탄이 너희를 밀 까부르듯 하려고 요구하였으나 그러나 내가 너를 위하여 네 믿음이 떨어지지 않기를 기도하였노니"(눅 22:31-32). 예수님은 사탄의 위협으로부터 베드로를 지키기 위해 기도하셨다. 이 기도는 응답되었다. 베드로는 비록 예수님을 부인하여 영원히 떠나는 것 같았지만 마침내 그는 하나님의 귀한 일꾼이 되었다. 하루에 3천 명을 전도하는 능력자가 되었다. 우리도 기도로써 원수의 공격을 이기게 된다.

나눔의 시간

1. 오늘의 말씀을 통해서 느낀 점을 말해 보자.
2. 내가 중보해야 할 사람이 누구인지 나누어 보자.

제40과

전도자의 마음 관리

- 본문 / 잠 4:23(p.914)
- 찬송 / 516(통 265), 325(통 359)

◈

할렐루야! 전도합시다!

미국의 어떤 대부호가 신문에 "자신이 만족한 삶을 살고 있다는 사실을 증명하는 사람에게 1만 달러를 주겠다"고 광고하였다. 이를 보고 수많은 사람들이 몰려와 자신이 가장 기쁘고 만족한 생활을 한다고 열변을 토했다. 자신이 가장 행복한 가정과 명예와 직업이 있어 더 이상 바랄 것이 없다고 말했다. 하지만 1만 달러는 아무도 받지 못했다. 그 이유는 광고를 냈던 사람이 던지는 질문에 아무도 대답하지 못했기 때문이다. 그 질문은 이것이다.

"당신이 말하는 것처럼 정말 더 이상 바라는 것이 없다면 왜 그렇게 나에게 와서 돈 1만 달러를 얻겠다고 이렇게 목숨을 거는가?"

사람은 겉으로 볼 때 동물과 차이가 없는 것 같다. 하지만 본질적으로 다른 점이 있다. 그것은 마음이 있다는 사실이다. 이는 물질이나 학위나 성공이란 타이틀로도, 본능의 충족으로도 채워지지 않는다. 우리 전도자들은 이를 깨닫게 해야 한다.

1. 생명의 근원이 이에서 남이니라(23절)

현대 사회는 지키기 위해 신경을 써야 할 것이 많다. 하지만 성경은 어떤 것보다 마음을 지킬 것을 가르친다.

예수님을 믿기 시작한 날 이 놀라운 감격에도 불구하고 하루아침에 수입이 갑자기 배로 늘고 사람들이 존경하는 유명인이 되지 않는다. 하지만 하나님은 이 날부터 우리 마음에 변화를 일으키기 시작하신다. 하나님의 말씀이 들리고 말씀이 마음에 들어오게 된다. 이때부터 주는 것이 받는 것보다 좋아지며, 표현할 수 없는 마음의 기쁨이 넘쳐나게 된다. 또한 담대함이 생기며, 세상이 알 수도 없는 평안이 마음을 다스리기 시작한다.

지금 우리 마음은 어떠한가? 마음이 어떠냐에 따라 그 사람의 인생과 종말이 결정된다.

다음을 읽어 보자.

☞ 전 2:1~2(p.946)

....

....

....

....

2. 근심이 번뇌케 한다

"근심이 사람의 마음에 있으면 그것으로 번뇌하게 되나 선한 말은 그것을 즐겁게 하느니라"(잠 12:25). 여기서 근심은 하나님을 믿지 않는 사람들이 세상의 어떤 것들 때문에 발생하는 것을 말한다. 마음에 근심이 있으면 괴로움이 시작된다. 그러므로 우리가 무엇이든지 힘 있게 일하려면 먼저 마음에 근심과 걱정을 덜어 버려야 한다.

스탠포드대학의 의과대학 교수인 케네스 펠레티어 박사는 크게 성공한 남녀 51명을 대상으로 그들이 어떻게 스트레스를 푸는가를 연구했다. 놀라운 것은 기도를 첫 번째로 뽑았다는 사실이다. 그 다음이 정신이나 신체활동을 제어하는 생체자기제어(Biofeedback)였다. 그리고 다음으로 어떤 형상을 마음에 떠올리는 심상화(Visualization)가 있었다. 크게 성공하는 사람들 대부분은 하나님께 조용히 기도함으로써 마음의 긴장을 해소하며 힘을 얻었던 것이다. 이는 신앙이 사람들의 마음에 얼마큼 큰 평안을 가져다주는가를 단적으로 보여 주는 결과이기도 하다.

다음을 읽어 보자.

☞ 잠 14:13(p.924)

....

....

....

3. 마음의 화평이 생명이다

잠언은 "평온한 마음은 육신의 생명이나 시기는 뼈를 썩게 하느니라"(잠 14:30)고 말씀한다. 사람은 누구나 마음의 즐거움을 원한다. 하지만 이상한 것은 즐거움을 원하는 세상에 즐거움보다는 슬픔과 근심과 원망과 불평이 가득하다는 사실이다. 비어 있는 가슴을 차고도 넘치게 채울 수 있는 것은 오직 우리를 지으신 창조주 하나님 한 분 뿐이다. 하나님과 올바른 관계를 회복할 때 우리는 참된 마음의 즐거움을 얻게 될 것이다.

다음을 읽어 보자

☞ 잠 25:28(p.938)

…………………………………………………………………………

…………………………………………………………………………

…………………………………………………………………………

나눔의 시간

1. 오늘의 말씀을 통해서 느낀 점을 말해 보자.
2. 내가 위험의 나팔을 불어야 할 사람들에 대해 나누어 보자.

제41과

선교의 명령

- 본문 / 행 1:8(p.187)
- 찬송 / 521(통 253), 515(통 256)

◈

할렐루야! 전도합시다!

서울 합정동 한강변에 양화진이 있다. 그곳에 절두산이 있는데 그 뒤쪽으로 가면 외국인 선교사들의 묘지가 있다. 복음을 전하다가 순교한 395명의 외국인 선교사들이 묻혀 있는 곳이기도 하다. 많은 선교사들이 우리나라에 와서 복음을 전하다가 죽음을 맞이했다. 가난한 나라에 와서 피를 흘리며 예배당을 지었고 학교와 병원을 세웠다. 그들은 우리나라를 사랑하여 갖은 핍박 중에도 복음을 전하다가 죽어갔다. 그중 캔드릭 선교사의 묘비에는 이렇게 써 있다.

"나에게 천의 생명이 주어진다 해도 그 모두를 조선에 바치리라."

오늘 말씀에 예수님은 제자들의 오해를 풀어 주시며 정작 제자들이 해야 할 것이 무엇인가를 말씀하셨다. 제자들이 해야 할 가장 중요한 일은 증인의 삶이다. 즉 선교의 삶을 사는 것이다. 이 사명을 감당하며 살아가는 자가 주님을 바르게 따르는 제자이다.

1. 증인의 사명 감당

증인은 어떤 사건 현장에서 그 사건을 직접 보고, 듣고, 체험한 사람을 말한다. 성경에서의 증인은 때로 순교할 각오가 되어야 한다. 이 증인이라고 하는 말을 헬라어로는 '마르투리아' 인데 이는 순교자의 의미로도 사용된다. 즉 참된 증인이 되기 위해서는 순교자의 각오가 있어야 한다는 것이다. 우리는 부활하신 주님이 세상의 왕이요 우리를 마지막으로 심판하실 분임을 선포해야 한다.

다음을 읽어 보자.

☞ 눅 24:45~48(p.141)

....

....

....

2. 증인은 행동해야 한다

하나님 나라의 증인의 특징은 일상적인 삶의 현장에서 예수님에 대해 한마디도 하지 않지만, 그의 행동에서 하나님이 계시다는 것과 우리에게 영원한 삶이 있다는 것을 부인할 수 없게 만드는 것이다. 오순절 성령이 오신 다음 처음 세워진 초대 믿음의 공동체의 특성이 바로 그러했다. 그들이 모여 더불어 살아가는 그 모습은 도저히 예수 그리스도의 죽으심과 부활하심을 부인할 수 없게 하였다. 세상 물질에서 자유한 그들의 모습, 가난한 형제 자매들에 대한 사랑의 관심, 그들의 얼굴 표정, 그들의 입술에서 나오는 찬양 모두가 살아나신 그리스도를 부인할 수 없게 했다. 이들은 모두 믿고 아는 것을 따라 행동하는 사람들이었다.

다음을 읽어 보자.

☞ 딤전 6:12(p.342)

....

....

....

3. 증인은 충성하는 사람이다

하나님 나라의 증인은 하나님께 충성을 다하는 사람이어야 한다. 어떤 사람은 자신이 믿는 이념을 위해 죽음을 선택한다. 우리가 그리스도인이라면 우리는 죽은 자를 다시 살리신 하나님께 충성하는 사람이 되어야 한다. 하나님께 충성을 한다는 것은 그분을 깊이 신뢰하고 사랑하며 경외하는 것을 의미한다. 어느 시대에서나 종교적인 관습에 얽매여 형식적인 증인의 명함으로 살아가는 것은 쉽지만, 진정 자기를 부르신 그분과 함께하며 그분께 충성을 고백하는 것은 쉬운 일이 아니다. 우리는 우리를 부르신 주님과 함께하며 죽기까지 충성해야 할 것이다.

다음을 읽어 보자.

☞ 고전 4:2(p.267)

....

4. 증인은 축복과 상급이 있다

증인의 삶을 위한 모든 투자는 하나님의 영광뿐만 아니라 우리들 자신의 복된 삶의 씨앗이다. 복음을 위해 고난 받는 전도자에게는 하나님의 축복이 임하게 되는 것이다. "내가 진실로 너희에게 이르노니 나와 및 복음을 위하여 형제나 자매나 어미나 아비나 자식이나 전토를 버린 자는 금세에 있어 집과 형제와 자매와 모친과 자식과 전토를 백배나 받되 핍박을 겸하여 받고 내세에 영생을 받지 못할 자가 없느니라"(막 10:29, 30).

다음을 읽어 보자

☞ 골 4:3(p.328)

나눔의 시간

1. 오늘의 말씀을 통해서 느낀 점을 말해 보자.
2. 전도대상을 위해 나누고 기도하자.

제42과

기도보다 더 주신다

- 본문 / 엡 3:20(p.313)
- 찬송 / 365(통 484), 364(통 482)

◈

할렐루야! 전도합시다!

조지 뮬러는 고아들의 아버지로 불리었다. 그의 대규모의 고아원은 호주머니에 있었던 2페니로 시작되었다. 하나님은 그에게 100명의 고아들이 아니라 1만 명의 고아들을 먹이고 입힐 수 있게 해 주셨다. 그는 기도 응답의 놀라운 기록을 달성하였다.

그는 기도를 시작할 때 기도 제목을 노트에 적었고, 하나님께 응답받은 것을 그 옆에 기록하였다. 후에 이 노트는 놀랍게도 300페이지에 달하게 되었다. 그가 기도해서 받은 응답의 수는 모두 3만 번이었다.

하나님은 우리가 드린 기도에 대해 응답하실 뿐 아니라 이를 초월해 응답해 주시기도 한다. 하나님은 크신 사랑으로 우리의 기대를 넘어 넘치도록 풍성하게 응답해 주신다.

1. 아브라함의 기도에 응답하심

아브라함은 자식이 없었을 때 하나님께 아들을 달라고 기도했다. "주 여호와여 무엇을 내게 주시려 하나이까 나는 자식이 없사오니 나의 상속자는 이 다메섹 사람 엘리에셀이니이다"(창 15:2). 하나님은 아브라함을 텐트 밖으로 데리고 나가셨다. 구름한 점 없는 하늘에는 수많은 은하수와 별들이 반짝거리고 있었다. 하나님은 말씀하셨다. "하늘을 우러러 뭇별을 셀 수 있나 보라." 그리고 말씀하셨다. "네 자손이 이와 같으리라." 지금 이 지구에는 아브라함을 믿음의 조상이라고 부르는 기독인들이 별과 같이 많다. 아브라함은 대를 이을 아들 한 명을 원했지만 하나님은 단지 그 뿐만 아니라 큰 민족을 이루게 하시고 모든 사람으로부터 믿음의 조상이 되게 하셨던 것이다.

다음을 읽어 보자.

☞ 고전 2:9~10(p.264)

....

....

....

....

....

2. 다윗의 기도에 넘치게 응답하심

"그가 생명을 구하매…"(시 21:4). 다윗의 기도는 하나님께 죽음으로부터 구해 달라는 것이었다. 하나님은 그의 기도에 응답하셨다. 하나님은 여기서 멈추지 않으시고, 다윗이 구한 것 이상으로 응답하셨다. 하나님은 그저 생명만을 연장해 주신 것이 아니라 그의 머리에 왕관을 씌우시고, 그를 이스라엘의 왕으로 만드셨으며, 그에게 영광과 권위를 부어 주셨다(시 21:5). 다윗은 내 잔이 넘친다고 고백한다(시 23:5). 하나님의 풍성한 은혜를 깨닫게 되자 이를 온전히 찬양하고자 원했기 때문이다.

다음을 읽어 보자.

☞ 행 3:2~3(p.190)

....

....

....

3. 솔로몬이 구한 것 보다 더 많이 주심

솔로몬은 훌륭한 왕이 되기를 원했다. 그래서 그는 하나님께 백성을 잘 다스릴 수 있는 지혜를 구하였다. 하나님은 이 솔로몬의 기도에 놀랍게 응답하셨다. "이에 하나님이 그에게 이르시되 네가 이것을 구하도다 자기를 위하여 장수하기를 구하지 아니하며 부도 구하지 아니하며 자기 원수의 생명을 멸하기도 구하지 아니하고 오직 송사를 듣고 분별하는 지혜를 구하였으니 내가 네 말대로 하여 네게 지혜롭고 총명한 마음을 주노니 네 앞에도 너와 같은 자가 없었거니와 네 뒤에도 너와 같은 자가 일어남이 없으리라 내가 또 네가 구하지 아니한 부귀와 영광도 네게 주노니 네 평생에 왕들 중에 너와 같은 자가 없을 것이라"(왕상 3:11-13). 하나님은 솔로몬을 역사에 그 누구보다도 현명한 자가 되게 하겠다고 약속하셨다. 하나님은 여기서 멈추지 않으셨다. 솔로몬은 지혜만 구했지만 하나님은 그에게 지혜는 물론이고 누구도 받지 못했던 축복과 영예와 부까지 더하셨던 것이다.

다음을 읽어 보자.

☞ 말 3:10(p.1330)

....

....

....

나눔의 시간

1. 오늘의 말씀을 통해서 느낀 점을 말해 보자.
2. 기도보다 더 받은 경험이 있다면 나누어 보자.

제43과

다니엘의 기도

- 본문 / 단 6:10(p.1243)
- 찬송 / 516(통 265), 542(통 340)

◈

할렐루야! 전도합시다!

아브라함 링컨은 기도하는 대통령이었다. 남북전쟁에서 북군의 전세가 불리해지자 1863년 4월 30일을 '금식 기도일'로 선포하고 온 국민의 동참을 호소했다. 한번은 인기 배우 제임스 머독이 링컨의 초청으로 백악관에 머물다 새벽에 링컨의 기도 소리에 잠을 깬 적도 있었다. 링컨은 병사들을 위로하기 위해 종종 전쟁터를 찾았는데 그때도 간절히 기도했다. 그가 기도하는 시간이면 사령부 막사 입구에 '하얀 손수건'이 내걸리곤 했다. 링컨은 전쟁이 끝난 후 이렇게 고백했다. "북군의 승리는 기도의 승리였습니다."

선지자 중에서 기도의 모범을 보인 사람 중에 한 명이 다니엘이다. 다니엘이 이방 문화 속에서 자신의 신앙을 든든히 지킬 수 있었던 것은 바로 기도 생활 때문이었다.

1. 생명을 건 기도였다

다니엘은 기도에 자신의 생명을 걸었다. 그는 법령에 어인이 찍힌 것을 알았을 때에도 이전에 하던 것처럼 기도를 계속했다. 그는 세상의 지혜를 의지하지 않고 기도의 능력을 의지했다. 그에게 있어 기도는 결코 양보할 수 없는 것이었다. 그는 30일 동안 하나님께 기도를 드릴 수 없었음에도 쉬지 않고 기도하였다. 그는 사람들 몰래 기도하고 기도하지 않았다고 거짓말 할 수도 있었지만 그렇게 하지 않았다. 그는 기도 때문에 죽어야 한다면 죽을 수 있다고 생각하였던 것이다.

다음을 읽어 보자.

☞ 골 4:2(p.327)

....

....

....

2. 그는 하루에 세 번씩 기도했다

다니엘은 아침과 저녁 그리고 정오에 기도했다(시 55:17). 우리의 몸이 하루 세끼의 식사를 하는 것 같이 영혼을 위해서 세 번씩 구별하여 기도하였던 것이다. 이는 우리에게 규칙적인 기도 생활을 가르쳐 준다. 예수님은 새벽에 규칙적으로 기도하셨다. 우리가 존경하는 많은 믿음의 선배들은 규칙적으로 기도하는 습관을 가졌다. 이들은 자신의 삶에 특별한 일이 있을 때만 기도하지 않았다. 평소 늘 기도로 주님과 동행하는 삶을 살았다. 우리에게도 규칙적인 기도 습관이 필요하다. 기도는 우리에게 삶의 중요한 습관이 되어야 한다.

다음을 읽어 보자.

☞ 약 5:15(p.376)

....

....

....

3. 그는 무릎을 꿇고 기도했다

다니엘은 무릎을 꿇고 기도했다. 성경에 보면 예수님도 친히 무릎을 꿇고 기도하셨다. 많은 믿음의 선진들도 무릎을 꿇고 하나님께 기도했다. 솔로몬은 무릎을 꿇고 손을 펴서 하늘을 향해 기도했고, 베드로는 다비다를 살릴 때 무릎을 꿇고 기도했다. 엘리야도 하나님께 무릎을 꿇고 기도했다. 무릎을 꿇고 기도한다는 것은 하나님께 전적으로 매달리고 의지한다는 마음이 행동으로 나타나는 것이다. '하나님 나를 도와주소서' 라는 겸손과 하나님에 대한 절대적 복종을 의미한다. 우리에게도 이런 기도의 자세가 필요하다.

다음을 읽어 보자.

☞ 행 9:40(p.207)

....

....

나눔의 시간

1. 오늘의 말씀을 통해서 느낀 점을 말해 보자.
2. 나의 기도 자세에 대해 나누어 보자.

제44과

엘리야의 기도

- 본문 / 왕상 18:41~46(p.549)
- 찬송 / 453(통 506), 452(통 505)

◈

할렐루야! 전도합시다!

어떤 청년이 처음 교회에 나갔다. 그날 목사님은 마태복음 17장 20절 말씀으로 겨자씨만한 믿음이 있으면 산을 옮길 수 있다고 설교하셨다. 뒷산의 눈사태 때문에 어려움을 겪고 있었던 그는 자신도 그렇게 해봐야겠다고 마음먹고 기도하였다. 40일째 되던 날 스티브는 벙글벙글 웃으며 목사님에게 왔다. "목사님, 20세기는 산을 번쩍 들어서 옮기는 것이 아니라 기계로 옮기시더군요"라고 말하며 그간 있었던 일을 설명하였다. 그는 하나님께 산을 옮겨 달라고 기도했더니 정말 산을 없애셨다고 하였다. 새로 생긴 고속도로에 흙이 필요하게 되자 산의 흙을 계속 가져가 산이 거의 사라져 갔던 것이다.

엘리야는 기도의 사람이었다. 그는 놀라운 기적을 일으킬 때 마다 기도의 능력을 사용했다. 그의 기도 방법을 알게 될 때 우리에게 큰 유익이 있을 것이다.

1. 약속의 말씀을 믿고 그 말씀을 붙잡고 기도함(41절)

엘리야의 불의 기도가 있기 전에 하나님의 약속의 말씀이 있었다. "너는 가서 아합에게 보이라 내가 비를 지면에 내리리라"(1절). 우리는 기도할 때 말씀 읽기를 병행할 필요가 있다. 말씀을 읽는 중에 은혜를 받은 말씀을 기도 제목으로 삼는다면 엘리야와 같이 강력한 기도를 할 수 있다. 기도 응답의 핵심적인 비결은 하나님의 약속이다. 하나님이 우리에게 약속해 주신 말씀을 붙잡고 기도할 때 더욱 강력한 기도가 된다. 하나님의 약속의 말씀을 묵상하고 기도하자.

다음을 읽어 보자.

☞ 벧후 3:9(p.386)

....

....

....

2. 은밀한 중에 기도(42절)

"엘리야가 갈멜 산 꼭대기로 올라가서." 엘리야는 강력한 기도를 하기 위해 혼자 있을 수 있는 환경이 필요했다. 갈멜 산 꼭대기는 이런 환경에 꼭 맞는 조건을 갖췄다. 그곳에 그를 방해할 사람은 없다. 분주한 곳에서의 기도는 실패할 확률이 높다. 기도에 집중할 수 있는 환경은 아주 중요하다. 기도를 위해 작은 방을 마련하는 것도 좋은 생각이다. 기도할 때는 미리 휴대폰의 전원을 꺼둔다. 그리고 조금 시간이 걸리더라고 교회에 가서 기도하는 것도 좋은 생각이다. 어떤 형태이건 분주함에서 벗어나 기도에 집중할 수 있는 환경을 만들어야 한다.

다음을 읽어 보자.

☞ 마 14:23(p.24)

....

....

....

3. 간절하고 열렬한 기도(42절)

"땅에 꿇어 엎드려 그의 얼굴을 무릎 사이에 넣고." 얼굴을 무릎 사이에 넣을 수 있는 것은 간절함 때문이다. 간절함은 기도하는 사람이 가지는 강력한 무기다. 예수님은 기도하실 때 땀이 핏방울이 되어 떨어졌다. 간절히 기도했기 때문이다. 우리의 기도생활에도 때로 간절함이 있어야 한다. 이것은 마치 나무꾼이 도끼로 나무를 베는 것과 같다. 먼저 도끼로 넘어뜨릴 곳에 표를 한 후 집중적으로 한곳을 도끼로 찍어대듯이 집중적인 간절한 기도가 필요하다.

다음을 읽어 보자.

☞ 약 5:16(.376)

....

....

....

4. 인내를 가진 기도(43절)

엘리야는 한두 번 기도한 후 응답이 없다고 낙심하고 기도를 중단하지 않았다. 이 기도를 하나님이 기뻐하실 것이라는 확신이 든다면 강력한 인내로 기도해야 한다. 끝까지 인내할 수 있는 사람에게 기도의 응답이 주어진다. 많은 경우 천사가 응답을 가지고 이 땅에 내려올 때쯤이면 자신이 무엇을 구했는지도 잘 모르는 사람이 많다. 인내심 없이 기도하다 잊어버렸기 때문이다.

다음을 읽어 보자.

☞ 마 21:22(p.35)

....

....

....

나눔의 시간

1. 오늘의 말씀을 통해서 느낀 점을 말해 보자.
2. 기도할 때 내가 배워할 것이 있다면 나누어 보자.

제45과

하나님이 기뻐하시는 기도

- 본문 / 시 27:4(p.820)
- 찬송 / 391(통 446), 382(통 432)

◈

할렐루야! 전도합시다!

미국, 펜실베니아에 조지 계곡이 있다. 여기에는 무릎 꿇고 간절히 기도하는 한 청년의 동상이 지금도 서 있다.

1775년 12월 추운 어느 겨울날, 영국군과 미국독립군들의 전쟁 중 미국의 군인들이 허기에 지치고 추위에 견딜 수 없어 다 쓰러져 가자 사령관은 숲 사이에 들어가서 하나님 앞에 매달렸다.

"하나님이여, 저희들을 살려 주소서."

하나님은 그들에게 은혜를 주셨고 끝내 승리할 수 있었다. 그들은 하나님의 은혜로 전쟁에 이겼다며, 사령관이 무릎 꿇고 기도하였던 그 자리를 기념물로 보존하였다. 그 사령관이 바로 미국의 초대 대통령이 된 조지 워싱턴이었다.

기도를 하면 할수록 더 많은 기도제목이 생긴다. 또한 기도를 하면 할수록 하나님이 기뻐하시는 기도가 무엇인지 알게 된다. 오늘은 하나님이 기뻐하시는 기도가 무엇인지 알아보자.

1. 성숙한 기도

다윗은 이렇게 기도했다. "내가 여호와께 바라는 한 가지 일 그것을 구하리니 곧 내가 내 평생에 여호와의 집에 살면서 여호와의 아름다움을 바라보며 그의 성전에서 사모하는 그것이라"(시 27:4). 다윗은 하나님을 기쁘시게 하는 것이 무엇인지 깨달아 그것을 위해 기도하였다. 성숙한 기도는 먼저 하나님의 뜻이 이루어지기를 소원하는 것이다. 하나님의 뜻이 이루어지는 것이 자신의 바람보다 앞서야 한다는 것을 깨달을 때에 성숙한 기도를 할 수 있다. 성숙한 기도는 하나님의 뜻대로 구하는 기도요, 또한 하나님의 영광을 구하는 기도이다.

다음을 읽어 보자.

☞ 계 8:3(p.406)

....

....

....

2. 간절한 기도

응답을 받는 기도의 비결은 열정과 집중의 기도, 즉 간절한 기도이다. 간절한 기도란 전심으로 열중하는 기도이며, 전심이란 마음과 힘을 하나에 모두 쏟는다는 의미다. 오직 주님의 사랑과 십자가 보혈의 은혜에 집중하는 기도를 말한다. 엘리야는 기도할 때 그의 얼굴을 무릎 사이에 묻고 간절히 기도했다. 그러자 하늘에서 비가 내렸다. 예수님은 겟세마네 동산에서 기도할 때 땀이 핏방울이 되었다. 간절한 기도의 강력한 능력이다.

다음을 읽어 보자.

☞ 약 5:17(p.376)

....

....

....

3. 삶의 습관으로 베인 기도

우리는 보통 무엇인가 문제가 생겼을 때 기도를 한다. 하지만 예수님은 습관을 좇아 새벽이면 한적한 곳에 가서 기도하셨다. 물론 중대한 일이 있을 때에도 간절히 기도하셨지만 예수님은 평상시에도 항상 기도하셨다. 기도는 특별한 행사가 되어서는 안 된다. 우리 삶에 호흡이 되어야 한다. 매일 시간을 정해 기도해야 한다. 구역장은 참석하는 성도들에게 매일 기도하는 습관을 갖도록 독려해야 한다. 구역장은 물론 구역원을 위해 날마다 기도할 수 있어야 한다. 하나님이 우리에게 원하는 것은 더 깊은 관계다. 기도는 더 깊은 관계를 형성하고 심화시킨다. 기도하면 문제가 해결되고 기적을 일으킨다.

다음을 읽어 보자.

☞ 행 1:14(p.188)

....

나눔의 시간

1. 오늘의 말씀을 통해서 느낀 점을 말해 보자.
2. 기도응답의 경험을 나누어 보자.

제46과

한나의 기도

- 본문 / 삼상 1:1~18(p.408)
- 찬송 / 254(통 186), 438(통 495)

◈

할렐루야! 전도합시다!

콜롬비아 대학에서 연구 발표한 의학 연구 결과는 기도의 능력을 다시 한 번 확인시켰다. 이 결과는 의학저널에 실렸다. 실험은 아이를 갖지 못하는 한국의 여성들 199명을 상대로 해서 진행되었다. 199명의 여성을 두 그룹으로 나누어 한 그룹은 미국과 오스트리아 케나다의 기독교인들에게 사진을 보여 주며 매일 기도하게 하였고 다른 한 그룹은 기도를 하지 않았다. 그리고 체외수정을 통해 임신을 시도했는데 임신 성공률이 기도를 하지 않은 사람들이 26%였는데 기도를 해준 사람들은 놀랍게도 보통 사람들의 배가 넘었다고 한다.

옛날이나 지금이나 아기를 낳지 못하는 것은 가슴 아픈 일이다. 한나에게 가장 가슴 아팠던 사건은 자녀를 낳지 못하던 때에 일어났다. 자녀를 낳지 못하는 것도 서러운데 이 때문에 조롱까지 받았던 것이다. 그러자 한나는 자신의 아픔을 치료해 줄 하나님께 매달려 기도한다. 한나의 기도에 하나님은 응답하셨다. 오늘 한나의 기도를 통해 응답 받는 기도의 비결을 알아보자.

1. 응답을 향한 결심이 있었다

강력한 기도는 응답을 향한 불타는 각오와 결심을 가져야 한다. 즉 반드시 기도 응답을 받겠다는 결심이 있어야 한다는 것이다. 하나님의 손을 움직일 만큼 결사적으로 기도 드려야 한다. 한나는 응답의 결심으로 목숨을 걸고 기도했고, 하나님은 마침내 그 기도에 응답하셔서 사무엘이란 귀한 아들을 갖게 해 주셨다. 뿐만 아니라 하나님은 기도로 낳은 사무엘에게 특별한 은총을 주심으로써 이스라엘 전체를 다스리는 지도자가 되게 하셨다. 많은 기도가 결심이 결여되어 있다. 기도하는 성도에게 응답에 대한 강력한 각오와 결심이 있다면 기도생활은 더욱 깊어질 것이다.

다음을 읽어 보자.

☞ 마 9:20~22(p.13)

....

....

....

....

2. 기도는 기쁨을 출산한다(17~20절)

하나님께서 한나에게 응답하셨다. 주의 종을 통해 응답의 메시지가 전달되었다. "평안히 가라 이스라엘의 하나님이 네가 기도하여 구한 것을 허락하시기를 원하노라"(17절). 하나님이 한나의 기도를 들어주심으로 그녀의 태가 열려 아들을 낳을 수 있었다. 한나의 간절한 기도는 마침내 응답이라는 기쁨을 출산하게 된 것이다. 아기는 생명을 얻기까지 태에서 자라는 기간이 필요하다. 우리의 기도도 응답을 받기까지 우리 안에서 기도를 먹고 자라게 된다. 그리고 마침내 응답을 낳는다. 많은 경우 실제적인 응답이 이루어지기 전에 하나님께 확신과 약속을 받게 된다.

다음을 읽어 보자.

☞ 요 15:5(p.174)

....

....

....

3. 한나는 서원의 기도를 드렸다

한나는 하나님께 기도를 드릴 때 서원을 하였다. "하나님께서 제게 아들을 주시면 제 품에서 키우지 않고 젖만 떼면 하나님께 바쳐 섬기게 하겠습니다." 한나는 그 서원을 지켰다. 하나님은 야곱의 서원 기도에 응답하셨다. 그가 서원한 대로 벧엘에 와서 제단을 쌓았다. 이와 같이 우리도 기도할 때 때로는 기도와 함께 그 결과에 대한 서원이 있어야 한다. 서원은 하나님의 손을 움직이는 큰 힘이다. 하지만 서원 기도는 신중하게 드려야 한다.

다음을 읽어 보자.

☞ 요 16:24(p.177)

나눔의 시간

1. 오늘의 말씀을 통해서 느낀 점을 말해 보자.
2. 각자의 기도제목을 나누어 보자.

제47과

목표를 향한 신앙생활(신념)

● 본문 / 빌 3:13~16(p.321)

● 찬송 / 550(통 248), 210(통 245)

◈

할렐루야! 전도합시다!

나폴레옹은 유럽을 자신의 손아귀에 쥐었지만 영국은 점령하지 못했다. 책임을 다한 넬슨 제독이 있었기 때문이다. 영국 함대 41척과 프랑스 스페인 연합 함대 38척이 역사상 가장 치열한 해전을 벌였다. 넬슨제독이 이끈 영국 함대가 승리함으로써 해상에서 전혀 힘을 쓸 수 없었다. 넬슨은 1770년 해군에 입대하여 1780년 미국 독립전쟁에 참전하였고 프랑스의 혁명전쟁에 종군하여 싸웠다. 트라팔가 해협에서 치열한 해전이 일어나 애석하게도 그는 이 해전에서 가슴과 어깨에 관통상을 입고 함장의 품에 안겨 이렇게 말하였다.

"하나님, 감사합니다. 저는 제 임무를 다했습니다."

그는 이 말을 끝으로 고요히 숨을 거두었다. 그에게 임무가 있었다는 사실을 절대 잊지 않았던 것이다. 우리가 의식하든 그렇지 않든 간에 우리 모두에게는 하나님이 맡기신 사명이 있다. 그것을 깨닫는 것이 먼저 해야 할 일이고 그 다음은 넬슨 제독처럼 그 사명을 다 감당하기 위해 최선을 다해야 하는 것이다.

1. 뒤에 있는 것을 잊어야 한다(13절)

사도 바울은 앞에 있는 것을 잡기 위해 뒤에 있는 것을 잊어버린다고 말했다. 새해를 맞아 우리는 과거의 죄와 뿌리를 철저히 회개하고 청산해 버려야 한다. 죄책감이라는 쓰레기 더미를 끌고 다니지 말아야 한다. 하나님은 죄를 용서하시면 다시 기억도 하지 않으신다. 하나님이 용서하신 죄를 우리가 계속 기억하고 용서하지 못하는 것은 죄다. 주님은 우리가 과거의 죄와 불의를 짊어지고 죄책에 짓눌려 방황하기를 원치 않으신다. 그러므로 새해가 진정한 의미에서 새로운 것이 되기 위해서는 과거의 죄책에서 해방되어야 한다. 오늘 우리는 과거에 미워했던 사람들을 다 용서하고 마음으로 청산해야 한다.

다음을 읽어 보자.

☞ 히 10:17(p.363)

....

....

....

2. 푯대를 향한 삶이 되어야 한다(14절)

바울은 "푯대를 향하여 그리스도 예수 안에서 하나님이 위에서 부르신 부름의 상을 위하여 달려가노라"라고 고백한다(14절).

푯대를 향해 나아가는 삶이 되기 위해서는 우선 목표가 있어야 하고, 또한 미래를 품을 수 있어야 한다. 성경은 우리에게 좌로나 우로나 치우치지 말 것을 요청한다. 좌우로 치우치지 않기 위해서는 목표가 있어야 한다. 목표가 있으면 미래지향적인 삶의 태도를 갖는다. 올해 내게 신앙적인 측면에서 목표가 무엇인지 세워 보자.

창세기에서 하나님은 아브람에게 말씀하신다. "여호와께서 아브람에게 이르시되 너는 너의 고향과 친척과 아버지의 집을 떠나 내가 네게 보여 줄 땅으로 가라 내가 너로 큰 민족을 이루고 네게 복을 주어 네 이름을 창대하게 하리니 너는 복이 될지라 너를 축복하는 자에게는 내가 복을 내리고 너를 저주하는 자에게는 내가 저주하리니 땅의 모든 족속이 너로 말미암아 복을 얻을 것이라 하신지라"(창 12:1-3). 여기에서 하나님은 아브라함의 현재가 아니라 미래를 가슴에 품고 살아갈 것을 말씀하셨던 것이다. 이것이 푯대를 향해 가는 삶이다.

3. 꾸준히 달려야 합니다(16절)

바울은 "달려가노라"라고 고백한다. 이것은 꾸준히 달려가는 것을 의미한다. 모든 신자들은 신년을 맞이하여 인내로 달릴 것을 결심해야 한다.

바울은 앞에 있는 12절에서 "내가 이미 얻었다 함도 아니요 온전히 이루었다 함도 아니라 오직 내가 그리스도 예수께 잡힌 바 된 그것을 잡으려고 달려가노라"라고 고백했다. 우리가 마지막 상 받는 순간까지 포기하지 말고 믿음의 경주에 임해야 한다.

다음을 읽어 보자.

☞ 벧전 2:9~10(p.379)

나눔의 시간

1. 오늘의 말씀을 통해서 느낀 점을 말해 보자.
2. 나의 올해 목표가 무엇인지 나누어 보자.

제48과

십자가의 능력

- 본문 / 고전 1:18~25(p.264)
- 찬송 / 421(통 210), 250(통 182)

◈

할렐루야! 전도합시다!

한 성직자가 하나님의 심판대 앞에 불려가게 된 꿈을 꾸었다. 그의 눈앞에 거대한 양팔 저울이 있었다. 그리고 그 한쪽에는 천사들이 그가 행한 선행을 올려놓고 있었고 또 다른 한쪽에는 마귀가 그가 행한 악한 일을 쌓아놓고 있었다. 그는 저울이 악행 쪽의 무게로 기울어지는 것을 보고 등골이 오싹해졌다. 그는 간절히 기도했다.

"오. 주여. 불쌍히 여기소서."

그때 그는 선행을 올려놓은 쪽에 세 개의 피 묻은 못이 떨어지는 소리를 들었다. 그 못이 저울 위로 떨어지자마자 저울은 선행 쪽으로 기울어졌다.

기독교는 곧 십자가의 대속 종교이다. 예수의 생애를 기록한 네 복음기사 89장 중에서 25장이 십자가의 수난에 대해 언급한다. 즉 복음서의 4분의 1이상이 할애된 것이다. 고난주간을 맞이하여 이런 십자가를 묵상함은 뜻깊은 일이다.

1. 십자가에는 구원의 능력이 있다

세상 어떤 종교도 참된 구원은 없다. 구원에 대해 이야기할 따름이다. 물에 빠져 죽어가는 사람에게 빠져나오는 법을 가르칠 수 있다는 사실이다. 십자가의 진리만이 오직 죽을 인생을 살릴 수 있다. 십자가의 도가 구원 얻은 우리에게는 하나님의 능력이다. 대개의 사람들이 미신과 우상과 세상 종교에서 구원을 얻으려고 하지만 이는 모두 무모한 짓일 뿐이다. 사도행전 17장에는 아덴 거리에 우상이 어찌나 많던지 '알지 못하는 신에게' 라고 새긴 단도 있었다. 이는 어리석은 인간임을 나타내는 증거가 된다. 구원을 얻으려는 인간의 노력은 헛되며 신기루를 찾는 것과 같다. 하나님의 구원의 능력은 오직 십자가를 통해서만 나타난다.

다음을 읽어 보자.

☞ 갈 6:14(p.309)

2. 십자가에서 화목의 역사가 일어났다

"그는 우리의 화평이신지라 둘로 하나를 만드사 원수 된 것 곧 중간에 막힌 담을 자기 육체로 허시고 법조문으로 된 계명의 율법을 폐하셨으니 이는 이 둘로 자기 안에서 한 새 사람을 지어 화평하게 하시고 또 십자가로 이 둘을 한 몸으로 하나님과 화목하게 하려 하심이라 원수 된 것을 십자가로 소멸하시고"(엡 2:14-16). 예수님은 우리의 화목제물로 드려졌다. 우리는 하나님의 원수였다. 아담 이후 인간에게는 하나님의 화평이 없었다. 하지만 예수님은 자신의 몸을 찢어 막힌 담을 헐어 버리셨다.

다음을 읽어 보자.

☞ 롬 5:10(p.245)

··

··

··

3. 십자가로 승리한다

성도의 승리의 비결은 십자가를 지고 가는 것이다. 역설적이라 생각되지만 이것은 진리다. 우리의 능력은 십자가를 질 때 비로소 나타난다. 놀라운 영적 부흥을 낳는 가장 큰 비결은 십자가를 지는 것이다. 성경은 "십자가로 그들을 이기셨느니라"(골 2:15)라고 말씀한다. 주님은 십자가를 통해 승리를 거두셨다.

유대인들은 예수님이 십자가를 지심으로 실패로 끝난 줄 알았지만 오히려 예수님은 이 십자가를 통해 승리를 얻으셨다. "그리스도의 십자가가 헛되지 않게 하려 함이라"(고전 1:17)라는 말씀대로 된 것이다. 우리도 또한 우리의 상황 속에서 십자가를 묵묵히 지고 갈 때 승리할 수 있다.

다음을 읽어 보자.

☞ 요 19:30(p.162)

....

....

....

나눔의 시간

1. 오늘의 말씀을 통해서 느낀 점을 말해 보자.
2. 내가 져야 할 십자가가 있다면 나누어 보자.

제49과

부활의 증인

- 본문 / 고전 15:3~8 (p.282)
- 찬송 / 167(통 157), 161(통 159)

◈

할렐루야! 전도합시다!

메뚜기와 하루살이가 하루 종일 논에서 재미있게 놀았다. 날이 저물자 메뚜기는 하루살이에게 이렇게 말했다. “얘, 이젠 저녁이 다 되었어. 오늘은 그만 놀고 내일 또 놀자.” 이 말을 들은 하루살이는 “메뚜기야, 내일이 뭐니? 어떻게 내일 또 놀자고 하니?” 메뚜기는 이 밤이 지나면 내일이 온다고 일러주었다. 그러나 하루살이는 내일을 이해하지 못했다. 그 후 메뚜기는 개구리와 온 여름을 함께 놀았다. 가을이 오자 개구리가 이렇게 말했다. “메뚝아, 내년에 만나 다시 놀자.” 메뚜기는 내년이 뭐냐고 개구리에게 물었다. 개구리는 겨울잠을 자고 나면 다시 따뜻한 봄이 오는데 그때가 내년이라고 일러주었다. 하루살이나 메뚜기와 같이 우리는 영원이란 세상을 경험하지 못했다. 부활의 세상을 경험하지 못했다.

예수님은 부활하신 후 여러 차례 나타나셨다. 예수님의 부활하심은 그리스도께서 바로 하나님의 아들이라는 사실을 선언하는 것이고, 또한 피조물인 우리에게는 속죄와 영생의 부활의 소망에 확실한 증거가 된다. 그럼에도 불구하고 아직도 많은 사람들은 예수님의 부활에 아무 가치를 두지 않는다. 이들은 마치 하루살이처럼 내일을 모르고, 메뚜기처럼 내년을 모르고 있는 인생과 같다.

1. 막달라 마리아의 증인

안식 후 첫날 막달라 마리아는 예수님의 무덤을 다시 찾아 왔다(요 20:1). 그녀는 무덤에 예수님의 시신이 없는 것을 보고 동산지기가 어디로 옮겨 둔 것으로 알았다. 예수님이 "마리아야"라고 부르셨다. 그녀는 그때 다시 사신 예수님의 모습을 보고 너무나 기뻐하며 감격하였다. 부활하신 주님은 그 동산에 계셨다. 그녀는 제자들에게 달려가서 증언했다(18절). "제가 주님을 보았습니다. 제가 다시 사신 주님을 보았습니다. 주님이 다시 사셨습니다"라고 말이다. 그녀는 부활하신 주님을 증언했고 최초로 부활의 증인이 되었다. 예수님의 부활로 마리아의 절망이 기쁨으로 변했듯이 오늘날 예수님의 부활을 믿는 자는 어떤 절망에서도 소망의 기쁨을 체험한다.

다음을 찾아 읽어 보자.

☞ 롬 6:4~5(p.216)

....

....

2. 제자들과 도마

주님은 다락방에 모인 제자들과 도마에게 나타나셨다. 안식 후 첫날 저녁 때에 예수님이 오셨다. 그런데 그 자리에 예수님의 제자인 도마는 없었다. 도마가 돌아오자 제자들은 우리가 주님을 보았다고 말을 했다. 그때 제자들의 말을 들은 도마는 "내가 그의 손의 못 자국을 보며 내 손가락을 그 못 자국에 넣으며 내 손을 그 옆구리에 넣어 보지 않고는 믿지 아니하겠노라"(요 20:25)고 하였다. 여드레를 지나서 제자들이 다시 집 안에 있을 때에 예수님이 다시 오셨다. 그리고 도마에게 말씀하셨다. "네 손가락을 이리 내밀어 내 손을 보고 네 손을 내밀어 내 옆구리에 넣어 보라 그리하여 믿음 없는 자가 되지 말고 믿는 자가 되라"(요 20:27). 이 경험을 통해 도마는 예수님이 진실로 부활의 능력을 소유하셨음을 깨닫게 되었다. 예수님은 우리의 부활의 능력이시다.

다음을 읽어 보자.

☞ 요 20:26~27(p.185)

3. 베드로의 부활의 증언

베드로도 부활하신 예수님을 만났다(요 21장). 베드로는 부활하신 예수님께 양들을 먹이는 특별한 사명을 부탁받고 증인의 삶을 살게 되었다. 성경은 말씀한다. "너희가 세례로 그리스도와 함께 장사되고 또 죽은 자들 가운데서 그를 일으키신 하나님의 역사를 믿음으로 말미암아 그 안에서 함께 일으키심을 받았느니라"(골 2:12). 예수님의 부활은 그를 믿는 모든 자에게 영원한 삶으로의 부활을 약속한다. 예수님의 부활은 예수님의 하나님 되심을 증명하는 것이요 나의 영광된 부활을 약속하는 것이다.

다음을 찾아 읽어 보자.

☞ 살전 4:14~17(p.331)

나눔의 시간

1. 오늘의 말씀을 통해서 느낀 점을 말해 보자.
2. 부활한 후의 변화된 자신의 모습을 상상해 보자.

제50과

맥추절을 지키라

- 본문 / 출 23:14~17(p.117)
- 찬송 / 380(통 424), 383(통 433)

◈

할렐루야! 전도합시다!

어떤 마을에 냉천과 온천이 함께 솟는 신기한 곳이 있었다. 마을 여인들은 겨울에도 빨래하기 좋고 여름에도 빨래하기 좋은 편리함을 누리고 있었다. 지나가던 사람이 그 마을 여인들과 대화를 나누었다.

"이 마을 사람들은 날마다 감사하겠습니다."

"천만에요. 이 마을 사람들은 늘 불평이랍니다."

"이렇게 좋은 혜택을 입으면서 불평을 하다니요?"

"냉천 온천이 나오는 것은 좋은데 빨래 비누가 필요 없을 정도의 거품 나오는 물이 안 나오기 때문입니다."

많은 사람들은 모든 것이 평안하고 좋을 때 감사하지 못하다가 어려움이 생겨 고민하게 되고 그것이 해결될 때에야 비로소 감사한다. 하나님은 맥추절이란 절기를 통해 이스라엘 백성들에게 감사 생활을 가르쳐 주셨다.

1. 맥추 감사절을 통해 생활의 감사를 배운다

하나님은 이스라엘 백성과 자손에게 감사할 줄 아는 백성이 되라고 하신다. 하나님은 이스라엘 백성들이 농사를 지어 거둔 것으로 감사드리게 하셨다. 이 절기를 통해 이스라엘 사람들은 음식을 장만하고 이웃끼리 나누었으며, 하나님 앞에서 기뻐하였다. 그래서 절기는 이스라엘 민족에게 기쁨이요 축제가 되었다. 감사절은 감사하는 마음의 훈련이다. 우리는 항상 감사하는 마음으로 살아야 하지만 절기를 통해 특별히 감사의 습관을 배우게 된다.

다음을 읽어 보자.

☞ 시 100:4(p.874)

....

....

....

2. 맥추 감사절을 통해 모든 것이 하나님의 은혜임을 알게 된다

맥추절은 얻은 첫 열매를 감사하는 절기라 할 수 있다. 이는 후손들에게 하나님을 통해서만이 삶이 풍요로워진다는 사실을 가르치는 교육이 된다. 이스라엘은 오늘이 있기까지 하나님이 그들을 인도하시고 지켜 주셨다는 사실에 대한 깊은 감사의 인식 가운데 이 절기를 지켰던 것이다. 그러므로 그들은 기쁨으로 절기를 지켰으며, 감사함이 충만했다. 바울은 고백한다. "내가 나 된 것은 하나님의 은혜로 된 것이니"(고전 15:10). 우리의 모든 것은 하나님의 은혜임을 감사절을 통해 다시 기억하자.

다음을 읽어 보자.

☞ 시 118:1(p.888)

....

....

....

3. 감사는 더 큰 감사의 제목을 낳는다

감사는 심는 것이다. 감사도 심은 대로 거두게 된다. 하나님께 감사를 많이 하는 사람은 감사한 일을 많이 거두게 된다. 불빛을 보고 감사하면 달빛을 주시고 달빛을 보고 감사하는 사람에게 햇빛을 주시고 햇빛을 보고 감사하는 자에게 더 큰 빛인 예수 그리스도를 주신다. 하나님은 바울을 통해 놀라운 진리를 가르쳐 주셨다. "이것이 곧 적게 심는 자는 적게 거두고 많이 심는 자는 많이 거둔다 하는 말이로다… 하나님이 능히 모든 은혜를 너희에게 넘치게 하시나니 이는 너희로 모든 일에 항상 모든 것이 넉넉하여 모든 착한 일을 넘치게 하게 하려 하심이라"(고후 9:6-8). 맥추감사절을 통해 더 깊은 감사로 나아가자.

다음을 읽어 보자.

☞ 시 44:8(p.833)

....

나눔의 시간

1. 오늘의 말씀을 통해서 느낀 점을 말해 보자.
2. 내가 감사할 일에 대해 나누어 보자.

제51과

감사하는 삶

● 본문 / 시 136:1~8(p.900)

● 찬송 / 589(통 308), 588(통 307)

◈

할렐루야! 전도합시다!

어떤 사람이 아주 특이한 실험을 하였다. 매일 100달러씩 나누어 준 다음 그 결과를 관찰하는 것이었다. 첫째 날 사람들은 의심하며 놀라 멈칫멈칫 나와서 그 돈을 집어 갔다. 두 번째 주쯤 되었을 때 동네 사람들은 현관 입구에까지 나와 돈을 기다렸다. 세 번째 주쯤 되자 돈을 받는 것을 신기하게 생각지 않게 되었다. 넷째주가 되었을 때는 이제 돈 받는 것이 당연한 일이 되어 버렸다. 실험 기한이 끝나는 맨 마지막 날에는 마을 사람들에게 돈을 나눠주지 않고 그냥 그 골목을 지나갔다. 그러자 이상한 일이 일어났다. 마을 사람들은 성난 목소리로 "우리 돈은 어디 있습니까? 왜 오늘은 내 돈 100달러를 안 주는 겁니까?"

신앙생활이 깊어지면 감사도 깊어진다. 오늘 분문은 우리가 어떻게 감사하면서 살아야 하는지에 대해 말씀한다.

1. 감사는 명령이다

성경은 감사를 명령한다. "여호와께 감사하라"(시 136:1). 이렇게 감사를 명령하는 이유는 하나님이 우리 삶을 풍요롭게 하려 하시기 때문이다.

우리의 모든 것은 하나님께 무상으로 빌린 것이다. 우리가 사는데 필요한 필수는 하나님의 은혜다. 모든 인류가 하나님의 소유인 이 지구를 빌려서 살고 있다. 우리 몸도 우리 것이 아니다. 하나님이 다 무상으로 주신 것이다. 그러므로 모든 것을 주신 하나님께 대해 감사해야 한다.

다음을 찾아 읽어 보자.

☞ 엡 5:4(p.315)

....

....

시 138:1(p.902)

....

....

시 119:62(p.891)

....

....

시 44:8(p.833)

....

....

....

2. 모든 일에 감사

"범사에 감사하라 이것이 그리스도 예수 안에서 너희를 향하신 하나님의 뜻이니라"(살전 5:18). 우리의 불평도 조금만 다르게 생각하면 감사가 된다.

몸에 잘 맞던 옷이 이제 작아져 몸에 꽉 끼인다고 하면 이것은 그동안 풍성하게 지낸 결과이므로 풍요한 생활을 주신 하나님께 감사해야 한다. 또한 닦아야 할 유리창이 있고 쓸어야 할 마당이 있으며 고쳐야 할 하수구가 있다면 이것은 집이 있다는 증거임으로 감사해야 한다. 또한 신문이나 방송이 정부에 대한 불평을 쏟아낸다면 이것은 우리가 언론의 자유가 있는 나라에 살고 있다는 증거이므로 감사할 수 있다. 또한 내야 할 세금이 있다면 그것은 나에게 직장이 있고 사업이 있어서 그만큼 수입이 있었다는 표시이므로 감사해야 한다. 또한 가까운 곳에 주차하려 했으나 주차장이 만원이라 먼 곳에 주차하게 되었다면 그만큼 걷게 되어 건강이 좋아지니 감사해야 한다. 또한 차가 접촉사고가 나면 사고로 목숨을 잃은 사람도 많은데 차만 수리하면 되니 감사할 수 있다. 또한 냉난방비가 많이 나왔다면 이는 지난달을 편안하게 살았다는 증거이므로 감사해야 한다. 모든 것을 이런 식으로 생각하다 보면 모든 일에 감사할 수 있다.

다음을 읽어 보자.

☞ 시 100:4(p.874)

3. 날 구원해 주심을 감사해야 한다

"여호와가 우리 하나님이신 줄 너희는 알지어다 그는 우리를 지으신 이요 우리는 그의 것이니 그의 백성이요 그의 기르시는 양이로다"(시 100:3). 오늘 재산이 아무리 많아도 미래가 확실치 아니하면 감사할 수 있겠는가? 우리에게는 미래가 있고 영생이 있기에 행복하고 감사한 것이다. 예수님이 주신 귀한 믿음이 있기에 죄와 세상을 이기고 사망과 사탄을 이길 수 있다. 믿음이 없었더라면 세상을 이길 수 없어 너무나 슬프고 괴로운 인생을 살아야 하는데, 귀한 믿음으로 인해 고통스러운 세상에서도 하늘의 기쁨과 평안과 행복을 느끼며 살 수 있게 되니 참으로 고맙고 감사한 일이다.

다음을 읽어 보자.

☞ 고전 15:57(p.284)

....

....

....

....

나눔의 시간

1. 오늘의 말씀을 통해서 느낀 점을 말해 보자.
2. 나의 감사 제목을 나누어 보자.

제52과

성탄과 동방 박사

- 본문 / 마 2:1~12(p.2)
- 찬송 / 109(통 109), 112(통 112)

◈

할렐루야! 전도합시다!

어떤 심리학 교수가 40여 명의 학생들에게 단어 연상 시험을 쳤다. 크리스마스란 단어를 주고 생각나는 것을 하나씩 적도록 한 시험이었다. 그 대답이 이러했다.

"크리스마스 트리, 크리스마스 칠면조, 크리스마스 선물, 크리스마스 카드. 크리스마스 캐롤 등."

그러나 많은 대답 가운데 '예수의 생일'이라고 적어 낸 학생은 단 한 명도 없었다.

성경을 보면, 아기 예수님을 '보고', '경배' 드리는 성탄절의 영광을 누린 사람은 얼마 되지 않았다. 동방 박사들은 간절한 마음으로 아기 예수님을 기다렸고 사모했다. 성탄절을 해마다 돌아오는 형식적인 절기로 맞이할 것이 아니라, 몸과 마음과 뜻을 바쳐 경배드리는 영광의 날이 되도록 해야 한다.

1. 동방 박사는 먼 길을 달려왔다

동방 박사들은 목숨을 걸고 아기 예수님을 찾아왔다. "헤롯 왕 때에 예수께서 유대 베들레헴에서 나시매 동방으로부터 박사들이 예루살렘에 이르러 말하되"(마 2:1). 동방 박사들은 강도, 질병, 사막, 강, 짐승의 위험을 무릅쓰고 예수님을 찾아왔다. 오직 예수님을 만나야 한다는 유일한 목적을 가지고 멀고 먼 길을 나섰다. 동방 박사들과 달리 대제사장과 서기관들은 가까운 곳에 있으면서도 예수님을 찾아가지 않았다. 먼 길을 온 동방 박사들과 달리, 그들은 베들레헴으로부터 8킬로미터 정도밖에 떨어지지 않은 가까운 거리에 있었다. 그럼에도 불구하고 그들은 메시아가 초라하고 보잘 것 없는 베들레헴에서 태어나리라고는 믿지 않았다.

다음을 읽어 보자.

☞ 민 24:17(238)

……………………………………………………………………

……………………………………………………………………

……………………………………………………………………

2. 엎드려 경배한 동방 박사

그들은 "유대인의 왕으로 나신 이가 어디 계시냐 우리가 동방에서 그의 별을 보고 그에게 경배하러 왔노라"(마 2:2)고 말했다. 동방 박사들은 세상의 영광을 가진 사람들이다. 그들은 개인적 욕망을 위해 아기 예수님께 나오지 않았다. 오직 아기 예수님을 경배하기 위함이었다. 아기 예수님은 하늘의 영광을 나타내지 않았다. 마구간에서 태어난 목수의 아들의 모습이었다. 저들의 경건과 신앙은 놀라운 것이었다. 성탄절은 아기 예수님께 경배 드리는 날이다. 예수님을 아는 것이 최고의 축복이다. 예수님께 경배 드릴 수 있는 것이 최고의 특권이다. 그들은 하늘의 영광이 나타난 재림의 예수님께 경배한 것이 아니다. 초라하고 보잘 것 없는 동네에, 방도 없이 구유에 누워 있는 아기를 왕이라고 믿고 엎드려 경배 드렸다.

다음을 읽어 보자.

☞ 사 9:1~2(976)

....

....

....

3. 세 가지 예물을 드린 동방 박사

"보배합을 열어 황금과 유향과 몰약을 예물로 드리니라"(마 2:11). '황금'은 예수님이 '왕'이심을 상징한다. 페르시아에서는 황금을 가지지 아니하면 왕에게 나아갈 수 없었다고 한다. 황금은 가장 귀한 가치를 의미한다. 그들은 가장 귀한 것을 왕이 되시는 주님께 드렸다. 유향은 제사장이신 예수님께 드린 예물이었다. 유향은 나무에서 나오는 송진류로서 좋은 향기가 났다. 그래서 성전에서 예배드릴 때, 제사드릴 때 사용했다. 속죄의 제사를 드리실 아기 예수님에게 유향을 드린 것은 의미 있는 일이었다. 몰약은 죽으실 예수께 드린 예물이었다. '몰약' 은 시체 보존을 위해 쓰는 것으로, 예수님의 '십자가 죽음' 을 상징한다. 나는 무슨 예물로 예수님의 탄생을 축하할까?

다음을 읽어 보자.

☞ 눅 2:10~14(p.89)

....

....

....

나눔의 시간

1. 오늘의 말씀을 통해서 느낀 점을 말해 보자.
2. 성탄절에 내가 감사할 일이 있다면 나누어 보자.

MEMO

NEW
부흥의 불씨가 되는 구역

개정판 2019년 10월 21일

지은이 신정석, 박진욱 공저
펴낸이 장현덕
펴낸곳 도서출판 예수사랑 (Grace 은혜출판사)

주소 서울 종로구 종로65길 12-10
전화 (02) 744-4029 팩스 744-6578
출판등록 제 1-618호(1988. 1. 7)

ISBN 978-89-7917-095-5 04230
ISBN 978-89-7917-919-4 04230 (세트)

값 7,000원

「이 도서의 국립중앙도서관 출판예정도서목록(CIP)은 서지정보유통지원시스템 홈페이지(http://seoji.nl.go.kr)와 국가자료종합목록시스템(http://www.nl.go.kr/kolisnet)에서 이용하실 수 있습니다. (CIP제어번호 : CIP2019039277)」